5 ASTUCES POUR DÉMARRER !

1) COMMENT RÉSOUDRE LES MOTS MÊLÉS

Les puzzles sont dans un format classique :

- Les mots sont cachés sans espaces, tirets, ...
- Orientation : Les mots peuvent être écrits en avant, en arrière, vers le haut, vers le bas ou en diagonale (ils peuvent être inversés).
- Les mots peuvent se chevaucher ou se croiser.

2) UN APPRENTISSAGE ACTIF

Un espace est prévu à côté de chaque mots pour noter la traduction. Pour favoriser un apprentissage actif un **DICTIONNAIRE** à la fin de cette édition vous permettra de vérifier et étendre vos connaissances. Cherchez et notez les traductions, trouvez-les dans le Puzzle et ajoutez-les à votre vocabulaire !

3) MARQUEZ LES MOTS

Vous pouvez inventer votre propre système de marquage. Peut-être en utilisez-vous déjà un ? Sinon, vous pourriez, par exemple, marquer les mots qui ont été difficiles à trouver d'une croix, ceux que vous avez aimés d'une étoile, les mots nouveaux d'un triangle, les mots rares d'un diamant, etc...

4) STRUCTUREZ VOTRE APPRENTISSAGE

Cette édition vous offre un **CARNET DE NOTES** très pratique à la fin du livre. En vacances ou en voyage ou à la maison, vous pouvez facilement organiser vos nouvelles connaissances sans avoir besoin d'un second bloc-notes !

5) VOUS AVEZ FINI TOUTES LES GRILLES ?

Allez à la section bonus **CHALLENGE FINAL** pour trouver un jeu gratuit à la fin de cette édition !

Simple et Rapide ! Découvrez notre collection de livres d'activités pour votre prochain moment de détente et **d'apprentissage**, à juste un clic de distance !

Trouvez votre prochain défi sur :

BestActivityBooks.com/MonProchainLivre

À vos marques, prêts... Partez !

Saviez-vous qu'il existe environ 7 000 langues différentes dans le monde ? Les mots sont précieux.

Nous aimons les langues et avons travaillé dur pour créer les livres de la plus haute qualité pour vous. Nos ingrédients ?

Une sélection des thématiques d'apprentissage adaptée, trois belles parts de divertissement, puis nous ajoutons une cuillère de mots difficiles et une pincée de mots rares. Nous les servons avec soin et un maximum de plaisir pour vous permettre de résoudre les meilleurs jeux de mots mêlés qui soient et d'apprendre en vous amusant !

Votre avis est essentiel. Vous pouvez participer activement au succès de ce livre en nous laissant un commentaire. Nous aimerions vraiment savoir ce que vous avez préféré dans cette édition !

Voici un lien rapide qui vous mènera à la page d'évaluation de vos commandes :

BestBooksActivity.com/Avis50

Merci pour votre aide et amusez-vous bien !

De la part de toute l'équipe

1 - Adjectifs #2

```
D N C Y L N A K W F O V D A K E
D I L M G M U O G A J G O C E S
Y H O Ç W T P Ç M D U T C U K
I M C R M Y Ê F Q O T J A L H B
A N I A Z F N P C S U H D J G F
C N T O V I T U D O R P O C B C
T J Á E O V I T I R C S E D Q R
N Y M T R P C S A L G A D O Z I
A L A N U E O S O H L U G R O A
T E R A P X S A A H S S J A S T
U V D G P X E S Ç E S D W A O I
R G D E N S E W A F W B L Z R V
A S E L V A G E M N Ç N D S E O
L B W E F N O V O P T G D V D A
R E S P O N S Á V E L E T R O F
S A U D Á V E L J G W J A N P B
```

AUTÊNTICO   NATURAL
FAMOSO   NOVO
CRIATIVO   PRODUTIVO
DESCRITIVO   PODEROSO
DOTADO   PURO
DRAMÁTICO   RESPONSÁVEL
ELEGANTE   SAUDÁVEL
ORGULHOSO   SALGADO
FORTE   SELVAGEM
INTERESSANTE   SECO

2 - Force et Gravité

```
D  B  Z  B  U  I  M  P  A  C  T  O  D  X  I  L
P  E  U  U  M  N  P  R  O  X  I  E  I  H  N  P
H  U  S  I  W  Z  I  R  P  S  A  B  N  A  Q  E
P  C  A  C  A  W  N  V  M  Y  M  C  Â  T  T  S
P  R  T  B  O  R  T  N  E  C  N  E  M  R  R  O
R  R  O  D  O  B  M  U  T  R  L  W  I  I  I  F
E  A  R  P  E  A  E  G  S  B  S  W  C  T  M  F
S  P  Z  X  R  C  B  R  K  J  T  A  O  O  Ó  R
S  I  R  N  F  I  S  A  T  E  N  A  L  P  R  E
Ã  D  Y  I  O  N  E  J  Ç  A  P  C  S  H  B  X
O  E  F  M  D  Â  X  D  J  K  X  I  Ç  J  I  P
X  Z  P  B  D  C  N  Y  A  M  O  S  T  Ç  T  A
M  O  V  I  M  E  N  T  O  D  C  Í  Q  V  A  N
Y  Q  N  U  W  M  A  N  Q  U  E  F  M  Y  D  S
M  A  G  N  E  T  I  S  M  O  D  S  Y  J  Q  Ã
D  I  S  T  Â  N  C  I  A  C  W  D  I  L  G  O
```

EIXO	MOVIMENTO
CENTRO	ÓRBITA
DESCOBERTA	FÍSICA
DISTÂNCIA	PLANETAS
DINÂMICO	PESO
EXPANSÃO	PRESSÃO
ATRITO	PROPRIEDADES
IMPACTO	TEMPO
MAGNETISMO	UNIVERSAL
MECÂNICA	RAPIDEZ

3 - Adjectifs #1

```
F O G O E A M A A L E B Ç G A E
A I P Z Ç R O R J T N H M D Ç N
B W N Q N T D O S O R E N E G O
S J M O P Í E M I V Q A A U I R
O Z R T E S R Á M I Q F E R V M
L S R S S T N T E T P C T N T E
U D X E A I O I X A C B N A T Q
T W O N D C W C Ó I Y W A M U E
O B P O O O G O T N E L T B C T
D M U H N Ç O K I G T X R I U N
D C I B Q C B U C S N R O C C E
I D Ê N T I C O O Y G X P I A C
Z Ç S T L B Q O D J Q J M O F O
J O V E M Q G X T E C Z I S Y N
P E R F E I T O D T L Y G O I I
Q U A F F Z O M I Ç F C P N Z H
```

ABSOLUTO	HONESTO
ATIVO	IDÊNTICO
AMBICIOSO	IMPORTANTE
AROMÁTICO	INOCENTE
ARTÍSTICO	JOVEM
ATRAENTE	LENTO
BELA	PESADO
EXÓTICO	FINO
ENORME	MODERNO
GENEROSO	PERFEITO

4 - Instruments de Musique

```
B  T  D  X  C  G  S  U  D  C  H  A  R  P  A  H
A  B  R  G  A  R  Z  O  B  L  O  R  U  D  G  C
N  T  V  O  H  K  G  B  H  A  B  M  I  R  A  M
J  V  J  I  M  J  F  O  P  R  T  P  H  K  J  L
O  T  A  Z  O  P  J  É  C  I  Z  M  I  W  O  M
Ç  V  Z  U  X  L  E  T  H  N  B  X  P  A  B  O
S  Q  G  Y  R  V  I  T  G  E  A  W  E  T  N  R
Ç  S  O  Ç  I  O  N  N  E  T  N  R  R  I  T  O
S  A  X  O  F  O  N  E  O  E  D  V  C  A  J  B
T  R  O  M  B  O  N  E  G  T  O  I  U  G  N  M
S  X  U  S  N  V  Y  W  N  O  L  O  S  B  K  A
P  A  N  D  E  I  R  O  O  G  I  L  S  M  R  T
F  L  A  U  T  A  B  V  G  A  M  Ã  Ã  D  W  D
O  Z  D  I  I  N  R  B  Q  F  A  O  O  T  M  N
O  Y  T  L  M  G  V  I  O  L  O  N  C  E  L  O
B  P  C  B  R  E  F  K  C  V  J  N  W  Ç  D  A
```

BANJO	MARIMBA
FAGOTE	PERCUSSÃO
CLARINETE	PIANO
FLAUTA	SAXOFONE
GONGO	TAMBOR
VIOLÃO	PANDEIRO
GAITA	TROMBONE
HARPA	TROMPETE
OBOÉ	VIOLINO
BANDOLIM	VIOLONCELO

5 - Herboristerie

```
C  A  E  K  F  N  F  I  V  A  K  B  D  T  D  G
Q  U  L  V  T  L  Z  G  E  R  O  B  A  S  C  T
T  P  L  H  L  U  O  K  R  O  F  U  N  C  H  O
U  O  H  I  O  A  F  R  D  M  I  D  R  A  J  M
F  A  T  G  N  Y  Y  W  E  Á  T  M  Ç  I  H  A
F  G  K  V  O  Á  K  V  I  T  E  A  E  N  G  N
T  T  Y  Q  Y  C  R  J  L  I  S  N  A  G  H  J
A  L  E  C  R  I  M  I  O  C  T  J  Q  R  L  E
T  O  M  I  L  H  O  K  O  O  R  E  U  E  I  R
N  O  A  I  Y  W  D  D  L  Ã  A  R  A  D  G  I
E  I  J  P  L  N  N  P  A  R  G  O  L  I  S  C
M  A  J  M  L  O  U  U  V  F  Ã  N  I  E  A  Ã
B  E  N  É  F  I  C  O  A  A  O  A  D  N  L  O
T  D  H  U  O  R  T  B  N  Ç  M  M  A  T  S  H
Q  U  O  B  D  E  A  L  D  A  R  K  D  E  A  R
J  Ç  Q  C  D  Y  T  I  A  A  J  O  E  H  Y  W
```

ALHO	LAVANDA
AROMÁTICO	MANJERONA
MANJERICÃO	MENTA
BENÉFICO	SALSA
CULINÁRIO	QUALIDADE
ESTRAGÃO	ALECRIM
FUNCHO	AÇAFRÃO
FLOR	SABOR
INGREDIENTE	TOMILHO
JARDIM	VERDE

6 - Véhicules

```
A D A G N A J C A M I N H Ã O C
Ç V F Ç H T M H V Q S E M A Z A
N X I Y B E T R O P S N A R T R
C C X Ã M L V B A M M E T R Ô R
F F Á D O C Q T M T R A T O R O
T O T K N I M B B Y E A A I I L
S E G W M C O S U B I N Ô S W J
T U W U X I T U L M S B K P U G
Y Z B Ç E B O E Â F L O J I W E
N P X M H T R N N P U W N A P A
G W Z Z A M E P C I X Ç I R Ç C
J T N J S R P Y I X N E G U E F
I D K B L K I J A T E R B M A L
M R G N A F X N C A R A V A N A
T E P X B J X F O B A R C O Q T
H E L I C Ó P T E R O C J K D J
```

AMBULÂNCIA
AVIÃO
BARCO
ÔNIBUS
CAMINHÃO
CARAVANA
BALSA
FOGUETE
HELICÓPTERO
METRÔ

MOTOR
TRANSPORTE
PNEUS
JANGADA
LAMBRETA
SUBMARINO
TÁXI
TRATOR
BICICLETA
CARRO

7 - Camping

```
W E C M X Q C F U L R Q U D T E
I W Z O O T E S N I A U L J D Q
N Ç N G R N G A W H Ç G U E Y U
A C C O C D T D U Ç K R O T P I
T W U F D X A A A N I M A I S P
U É P A H C L C N Q A L W I W A
R C E J M W O A X H M A E G A M
E J P D A F S B L D A N H S R E
Z S D Ç H C S I M F Ç T D X D N
A Q U O X K Ú N X H A E K P O T
L P N O L A B E F Z C R R N Z O
M A C A N N H O I Z A N K T H A
A V E N T U R A I O N A L V B W
N T K X E N D K C B O T E N D A
I D C Ç T U L L Ç N A U R Q V U
F L O R E S T A P A M W H N N W
```

ANIMAIS
AVENTURA
BÚSSOLA
CABINE
CANOA
MAPA
CHAPÉU
CAÇA
CORDA
EQUIPAMENTO

FOGO
FLORESTA
MACA
INSETO
LAGO
LANTERNA
LUA
MONTANHA
NATUREZA
TENDA

8 - Écologie

```
N M C V K S A H N A T N O M V C
A A L E U O O A P R Ç Q N Q O O
T R I G I B A S F L Y E A K L M
U I M E D R N I R C F D T X U U
R N A T G E C W H U N A G N N
E H A A A V Y B F C C D Â E T I
Z O I Ç P I N F Q M T E P S Á D
A W S Ã C V B A U X Y I R P R A
T Ç N O A Ê Y R T L W R H É I D
S P U X O N Y X L U Q A Q C O E
F A U N A C M C S N R V Z I S S
D P T I A I S E C A N A E E J X
Ç I H N M A F L O R A V L S Z Y
Y R E D A D I S R E V I D M P R
A T T W I L E V Á T N E T S U S
I T N K L J P H A B I T A T L U
```

VOLUNTÁRIOS
CLIMA
COMUNIDADES
DIVERSIDADE
SUSTENTÁVEL
ESPÉCIES
FAUNA
FLORA
HABITAT
PÂNTANO

MARINHO
MONTANHAS
NATUREZA
NATURAL
PLANTAS
RECURSOS
SECA
SOBREVIVÊNCIA
VARIEDADE
VEGETAÇÃO

9 - Géométrie

```
S  Ç  T  O  M  L  A  C  I  T  R  E  V  X  C  Ç
T  U  D  T  O  N  L  B  Z  O  E  Y  I  E  U  Â
R  S  P  N  Ã  N  T  O  B  R  G  O  H  P  R  N
I  P  L  E  Ç  C  U  R  B  T  H  C  R  O  V  G
Â  A  Ó  M  R  C  R  O  R  E  M  Ú  N  I  A  U
N  R  G  G  O  F  A  L  O  M  F  I  M  A  A  L
G  A  I  E  P  T  Í  U  V  Â  C  W  A  Ç  O  O
U  L  C  S  O  C  I  C  D  I  M  E  N  S  Ã  O
L  E  A  C  R  N  H  R  I  D  N  Y  K  N  Ç  L
O  L  V  G  P  Z  Y  Í  O  E  R  Q  J  Q  A  U
H  O  R  T  R  C  X  C  J  F  R  Y  A  T  U  C
P  R  O  N  M  A  S  S  A  O  J  T  W  X  Q  L
M  E  D  I  A  N  A  I  R  T  E  M  I  S  E  Á
L  H  P  A  V  F  T  V  Q  G  D  S  N  C  J  C
L  X  B  R  F  W  K  A  W  M  X  D  P  H  Y  B
X  Z  I  D  X  F  O  I  A  Ç  H  S  O  B  Ç  K
```

ÂNGULO	MEDIANA
CÁLCULO	NÚMERO
CÍRCULO	PARALELO
CURVA	PROPORÇÃO
DIÂMETRO	SEGMENTO
DIMENSÃO	SUPERFÍCIE
EQUAÇÃO	SIMETRIA
ALTURA	TEORIA
LÓGICA	TRIÂNGULO
MASSA	VERTICAL

10 - Les Médias

```
T V O W Z R M W H O P I N I Ã O
L N L K A E S J O R N A I S I C
S O T A F D B E I Z E G S T M I
W F C A I E X I D J H A T X A L
H O D A T C P P Á W A Q M O G B
V W D A L F R D R L W N P C E Ú
V P T I L T S E D U T I T A N P
E D U C A Ç Ã O M F N M N T S M
N B Q Z T S B Ç Ç O E D I Ç Ã O
I O Ã S I V E L E T C Q X E F C
L Z F Q G B F N O O E I U L R C
N Q Y E I M J U S S C I P A L L
O K Z K D I N T E L E C T U A L
I N D I V I D U A L A J V L Q G
M C E J K C O M U N I C A Ç Ã O
K Q D V O I N D Ú S T R I A M M
```

ATITUDES
COMERCIAL
COMUNICAÇÃO
ONLINE
EDIÇÃO
EDUCAÇÃO
FATOS
IMAGENS
INDIVIDUAL
INDÚSTRIA

INTELECTUAL
JORNAIS
LOCAL
DIGITAL
OPINIÃO
FOTOS
PÚBLICO
RÁDIO
REDE
TELEVISÃO

11 - Philanthropie

```
Z C V F H O N E S T I D A D E N
B H C U U Ç R O E G C T G D M C
J C W N D N A B D P L D G P H O
O E A D H H G W A E R F Y E G M
H B Z O C R K S D D L Ç F S E U
H U J S W G R C I U V R U S N N
P I M E K P P C R T A L M O E I
Ú T S A T C R I A N Ç A S A R D
B O O T N I Ç H C E N B O S O A
L T P P Ó I V R F V A O T O S D
I K U G D R D O D U N L A I I E
C O R P W Y I A S J I G T F D L
O E G B J N S A D S F S N A A D
P R O G R A M A S E R T O S D J
M I S S Ã O K Z P G E L C E E W
P N E C E S S I D A D E U D X Q
```

NECESSIDADE
OBJETIVOS
CARIDADE
COMUNIDADE
CONTATOS
DESAFIOS
CRIANÇAS
FINANÇA
FUNDOS
PESSOAS

GENEROSIDADE
GLOBAL
GRUPOS
HISTÓRIA
HONESTIDADE
HUMANIDADE
JUVENTUDE
MISSÃO
PROGRAMAS
PÚBLICO

12 - Diplomatie

```
W  K  A  T  V  V  M  V  S  X  E  D  U  E  H  P
S  C  O  O  P  E  R  A  Ç  Ã  O  T  Ç  M  U  O
D  E  D  A  D  I  R  G  E  T  N  I  S  B  M  L
C  I  G  E  M  B  A  I  X  A  D  A  G  A  A  Í
R  O  P  U  A  V  X  K  D  T  Ç  B  N  I  N  T
E  Ã  N  L  R  O  T  L  U  S  N  O  C  X  I  I
S  S  L  F  O  A  É  T  I  C  A  Ã  T  A  T  C
O  S  T  D  L  M  N  J  X  H  N  Ç  R  D  Á  A
L  U  J  C  Z  I  Á  Ç  Ç  F  U  A  O  R  Ç
U  C  V  F  U  P  T  T  A  M  A  L  T  R  I  I
Ç  S  F  E  X  F  J  O  I  Z  K  O  A  B  O  T
Ã  I  G  O  V  E  R  N  O  C  C  S  D  B  U  S
O  D  C  I  D  A  D  Ã  O  S  O  Q  O  Ç  C  U
C  O  M  U  N  I  D  A  D  E  X  Z  E  K  K  J
E  S  T  R  A  N  G  E  I  R  O  Y  J  B  V  B
X  A  N  M  Y  A  C  Q  F  Ç  T  D  Z  M  J  W
```

EMBAIXADA
EMBAIXADOR
CIDADÃOS
COMUNIDADE
CONFLITO
CONSULTOR
COOPERAÇÃO
DIPLOMÁTICO
DISCUSSÃO
ÉTICA

ESTRANGEIRO
GOVERNO
HUMANITÁRIO
INTEGRIDADE
JUSTIÇA
POLÍTICA
RESOLUÇÃO
SEGURANÇA
SOLUÇÃO
TRATADO

13 - Astronomie

```
P  M  L  X  K  E  C  O  S  M  O  S  C  I  B  C
L  B  M  R  Y  T  X  S  M  H  W  O  O  C  D  O
A  L  U  A  S  E  P  O  P  G  T  C  A  É  C  N
N  Y  N  L  P  U  M  E  T  E  O  R  O  U  A  S
E  B  F  O  L  G  P  K  P  Ç  Ç  J  W  M  S  T
T  L  X  S  O  O  C  E  S  P  I  L  C  E  T  E
A  S  J  U  B  F  P  X  R  G  E  Y  J  A  R  L
N  E  B  U  L  O  S  A  T  N  F  Z  R  S  O  A
G  A  L  Á  X  I  A  S  W  Y  O  V  L  T  N  Ç
A  S  T  R  Ô  N  O  M  O  S  Ã  V  L  E  A  Ã
U  N  I  V  E  R  S  O  E  P  Ç  J  A  R  U  O
Y  V  R  B  Ç  W  Q  G  K  N  A  Ç  R  Ó  T  Z
O  B  S  E  R  V  A  T  Ó  R  I  O  R  I  A  P
R  H  S  Z  H  X  W  Q  S  B  D  T  E  D  T  Y
M  N  P  B  X  P  M  V  B  D  A  O  T  E  X  U
E  Q  U  I  N  Ó  C  I  O  T  R  U  L  B  P  K
```

ASTERÓIDE	LUA
ASTRONAUTA	METEORO
ASTRÔNOMO	NEBULOSA
CÉU	OBSERVATÓRIO
CONSTELAÇÃO	PLANETA
COSMOS	RADIAÇÃO
ECLIPSE	SOLAR
EQUINÓCIO	SUPERNOVA
FOGUETE	TERRA
GALÁXIA	UNIVERSO

14 - Physique

```
U M G Á S P U I B E A Y S E M E
N A C I N Â C E M R C B H D K L
I G M A I C N Ê U Q E R F A C É
V N Z Q E C F M G B L P Q D A T
E E D A D I S N E D E T O I O R
R T Z Ç A Y X G G Y R M B V S O
S I R P D Y B E A E A Á O I Y N
A S U C I A H U Q P Ç T A T R I
L M F H V S P N X E Ã O N A O L
R O Z Ó A S Z V Z Y O M F L Z R
A C B Q R A E L C U N O B E S K
P I Z T G M T F T H I I E R P S
I M O Ç J Z U K M O L É C U L A
D Í P G A C Y L S V Ç Q Ç Y K J
E U X Q T X T U A T G S M D I M
Z Q P A R T Í C U L A C N D F E
```

ACELERAÇÃO
ÁTOMO
CAOS
QUÍMICO
DENSIDADE
ELÉTRON
FÓRMULA
FREQUÊNCIA
GÁS
GRAVIDADE

MAGNETISMO
MASSA
MECÂNICA
MOLÉCULA
MOTOR
NUCLEAR
PARTÍCULA
RELATIVIDADE
UNIVERSAL
RAPIDEZ

15 - Types de Cheveux

```
P  R  A  T  A  V  P  Z  L  N  M  T  I  X  D  D
S  A  U  D  Á  V  E  L  X  B  A  M  Q  F  T  V
G  G  J  S  A  U  D  E  T  E  V  A  U  S  E  Y
S  E  C  O  L  O  R  O  C  N  A  R  B  F  N  Q
K  H  W  G  A  E  O  T  S  C  G  R  J  X  C  G
F  P  A  N  Y  G  C  R  S  S  S  O  H  C  A  C
B  I  Z  O  D  A  L  U  D  N  O  M  T  L  R  A
A  R  N  L  G  S  G  C  O  L  O  R  I  P  A  Y
O  R  I  O  L  P  D  E  T  G  R  U  G  R  C  C
D  W  C  L  W  N  K  F  B  U  N  A  A  F  O  A
A  R  O  D  H  J  X  L  O  W  R  F  M  O  L  R
Ç  T  G  T  W  A  E  A  S  K  O  Q  W  I  A  E
N  U  W  J  P  G  N  M  P  R  E  T  O  H  D  C
A  G  S  Q  Q  J  D  T  G  R  G  E  Ç  P  O  A
R  Z  G  S  M  N  Z  K  E  S  N  L  I  O  J  Ç
T  T  Q  W  Q  I  P  D  I  H  B  E  U  L  F  G
```

PRATA	ENCARACOLADO
BRANCO	CINZA
LOIRO	LONGO
CACHOS	MARROM
BRILHANTE	FINO
CARECA	PRETO
COLORI	ONDULADO
CURTO	SAUDÁVEL
SUAVE	SECO
GROSSO	TRANÇADO

16 - Archéologie

```
R V K A J C E Y B R A H O A S P
A I U Q Í L E R D O U Z B N X Z
U A T J L S Y R A L X W J T N P
O I R É T S I M Â P S E E I F I
X D C V Ç Z J W W M L E T G X Y
G K I P S R G F B E I V O U Z H
D E S C E N D E N T E C S I Y F
G Y O C E Z H Ç Q B S T A D E Ó
Q R S Ç P H W G E I I Ú V A S S
X I S J I O N H S O L M B D Q S
J B O Q U K R O W Y Á U V E U I
G D Q U Q N E M C Y N L N Y E L
P R O F E S S O R S A O I D C L
O K R O D A G I T S E V N I I C
C I V I L I Z A Ç Ã O D Ç G D T
E S P E C I A L I S T A A I O M
```

ANÁLISE
ANTIGUIDADE
INVESTIGADOR
CIVILIZAÇÃO
DESCENDENTE
ESPECIALISTA
ERA
EQUIPE
FÓSSIL
DESCONHECIDO

MISTÉRIO
OBJETOS
OSSOS
ESQUECIDO
CERÂMICA
PROFESSOR
RELÍQUIA
TEMPLO
TÚMULO

17 - Mammifères

```
E  Z  E  B  R  A  H  T  Z  Ç  I  G  S  P  U  Y
T  O  U  R  O  Z  I  I  L  P  G  O  B  E  U  K
O  C  B  B  S  K  C  Ã  O  Z  Y  L  S  E  P  K
I  A  W  O  M  T  S  L  M  S  G  F  M  Y  L  B
O  C  K  K  L  X  I  O  A  B  O  I  Q  P  E  K
C  A  H  L  E  V  O  G  Ç  B  R  N  C  S  Ã  Ç
N  M  T  D  T  U  O  Z  R  K  I  H  Q  C  O  O
B  U  V  H  X  W  A  G  A  E  L  O  U  U  M  F
V  L  S  I  B  Z  G  U  L  Z  A  F  A  R  I  G
N  X  D  O  I  L  S  G  V  Y  T  J  Y  U  S  D
V  U  R  A  P  O  S  A  I  E  L  A  B  G  H  O
D  J  X  G  S  E  J  W  U  S  H  J  Y  N  N  D
G  A  T  O  X  C  A  V  A  L  O  Z  L  A  W  K
C  Z  L  Ç  Y  Q  M  Z  J  L  N  Y  I  C  T  L
E  L  E  F  A  N  T  E  D  Z  I  X  J  G  L  O
K  W  T  V  C  O  E  L  H  O  H  W  X  M  U  E
```

BALEIA	COELHO
GATO	LEÃO
CAVALO	LOBO
CÃO	OVELHA
COIOTE	URSO
GOLFINHO	RAPOSA
ELEFANTE	MACACO
GIRAFA	TOURO
GORILA	TIGRE
CANGURU	ZEBRA

18 - Chocolat

```
C  O  Ç  O  E  V  V  F  A  C  A  C  A  U  D  H
A  O  G  N  X  Q  E  K  M  L  G  M  Q  X  O  C
N  G  C  Q  Ó  U  P  W  E  N  D  E  O  A  C  N
T  R  H  O  T  A  P  Y  N  R  E  T  G  R  E  D
I  A  R  T  I  L  Ó  Ç  D  G  L  D  F  X  A  I
O  M  X  S  C  I  S  I  O  T  I  R  O  V  A  F
X  A  I  O  O  D  A  T  I  E  C  E  R  H  O  R
I  K  V  G  U  A  I  L  N  F  I  G  O  N  Z  E
D  R  Q  C  V  D  R  N  S  N  O  V  B  F  V  U
A  U  T  L  A  E  O  W  Z  P  S  P  A  B  I  U
N  L  X  E  C  R  L  Y  F  I  O  C  S  K  Ç  Z
T  R  M  L  C  T  A  A  R  T  E  S  A  N  A  L
E  U  A  R  L  K  C  M  A  Ç  Ú  C  A  R  A  K
O  K  N  Y  T  E  T  N  E  I  D  E  R  G  N  I
R  O  D  W  S  H  E  O  E  L  G  D  J  C  W  B
G  A  M  X  Y  H  H  G  M  R  O  H  F  R  Q  B
```

AMARGO	EXÓTICO
ANTIOXIDANTE	FAVORITO
AROMA	GOSTO
ARTESANAL	INGREDIENTE
AMENDOINS	COCO
CACAU	PÓ
CALORIAS	QUALIDADE
CARAMELO	RECEITA
DELICIOSO	SABOR
DOCE	AÇÚCAR

19 - Mathématiques

```
T R I Â N G U L O N P R R D F A
L V R V S C S H U T O U E I R M
I S I M E T R I A Z L P T Â A P
A R I T M É T I C A Í D Â M Ç E
Q U A D R A D O B B G V N E Ã R
T G E T R I R A I O O G G T O P
E Q U A Ç Ã O Ç O G N E U R X E
V S D K I E U D V E O O L O R N
O P M Y S T P N P K A M O S F D
L A R J E N D C O R C E T A Â I
U T A Q W E B D Q X D T N Ç N C
M E K R Ç O R T E M Í R E P G U
E B T I W P U I V F N I E C U L
N A Z U P X W T E N M A O I L A
P A R A L E L O Z D L S X O O R
D E C I M A L Ç C G X H R P S N
```

ÂNGULOS
ARITMÉTICA
QUADRADO
DECIMAL
DIÂMETRO
EXPOENTE
EQUAÇÃO
FRAÇÃO
GEOMETRIA
PARALELO

PERPENDICULAR
PERÍMETRO
POLÍGONO
RAIO
RETÂNGULO
SOMA
SIMETRIA
TRIÂNGULO
VOLUME

20 - Sport

```
R  B  Y  M  X  M  N  O  F  B  D  R  A  J  C  S
E  S  S  E  T  R  O  P  S  E  I  O  P  O  I  A
S  W  U  T  U  D  O  P  S  G  E  S  I  G  C  Ú
I  O  K  A  Y  Z  Q  V  R  S  T  S  N  G  L  D
S  F  L  B  O  E  H  X  G  O  A  O  O  I  I  E
T  J  A  Ó  T  D  Y  U  O  L  G  S  D  N  S  N
Ê  I  T  L  N  J  O  R  V  U  I  R  N  G  M  U
N  R  L  I  E  D  A  D  I  C  A  P  A  C  O  T
C  Z  E  C  M  T  O  M  T  S  E  N  Ç  M  O  R
I  Y  T  O  A  V  W  Ç  E  Ú  B  W  N  Y  A  I
A  I  A  O  G  C  A  A  J  M  N  C  A  N  F  Ç
Z  P  S  F  N  R  P  Y  B  C  Z  M  D  S  P  Ã
H  Ç  B  D  O  O  T  C  O  C  O  R  P  O  S  O
Q  V  F  M  L  F  O  R  Ç  A  A  G  Z  N  O  O
U  D  P  P  A  T  R  E  I  N  A  D  O  R  Z  K
M  A  X  I  M  I  Z  A  R  H  G  Y  H  D  Z  X
```

ATLETA	JOGGING
CAPACIDADE	MAXIMIZAR
CORPO	METABÓLICO
CICLISMO	MÚSCULOS
DANÇANDO	NUTRIÇÃO
DIETA	OBJETIVO
RESISTÊNCIA	OSSOS
TREINADOR	PROGRAMA
ALONGAMENTO	SAÚDE
FORÇA	ESPORTES

21 - Mythologie

```
C  S  U  S  H  W  O  G  H  R  F  D  U  V  I  J
L  R  Q  O  S  Y  Ã  A  M  Q  F  Y  H  Q  Ó  Ç
R  V  I  L  T  A  V  K  G  O  Ã  Ç  A  I  R  C
W  F  L  A  T  R  O  M  U  C  N  A  R  P  E  C
A  Ç  H  N  T  N  R  P  E  L  I  S  U  V  H  O
E  R  P  O  K  U  T  Q  R  A  M  E  T  A  Ç  M
F  B  Q  M  S  K  R  Y  R  B  O  M  L  R  O  P
O  J  T  U  Z  D  Ç  A  E  I  R  Ú  U  V  O  O
R  Ç  E  N  É  U  C  B  I  R  T  I  C  I  C  R
Ç  O  P  R  J  T  W  Q  R  I  A  C  G  N  I  T
A  L  E  N  D  A  I  H  O  N  L  J  H  G  G  A
C  R  E  N  Ç  A  S  P  F  T  I  N  L  A  Á  M
D  E  S  A  S  T  R  E  O  O  D  J  S  N  M  E
R  E  L  Â  M  P  A  G  O  V  A  K  E  Ç  U  N
O  K  F  B  L  C  X  Ç  Q  Q  D  V  F  A  L  T
T  J  S  J  J  W  K  O  K  P  E  R  F  X  U  O
```

ARQUÉTIPO	HERÓI
DESASTRE	IMORTALIDADE
COMPORTAMENTO	CIÚMES
CRIAÇÃO	LABIRINTO
CRIATURA	LENDA
CRENÇAS	MÁGICO
CULTURA	MONSTRO
RELÂMPAGO	MORTAL
FORÇA	TROVÃO
GUERREIRO	VINGANÇA

22 - Restaurant #2

```
M  F  A  K  K  D  F  S  B  W  B  F  U  I  F  S
A  X  R  L  E  C  A  W  W  A  O  L  E  G  R  O
C  V  I  L  M  O  Ç  R  A  G  L  Z  Y  X  U  P
A  V  E  D  E  O  F  R  A  G  O  L  X  P  T  A
R  O  D  U  X  G  Ç  B  U  B  I  A  V  L  A  S
R  V  A  X  I  G  U  O  E  Q  U  H  U  H  X  A
Ã  O  C  E  E  Q  D  M  E  B  Y  L  Q  U  P  I
O  J  G  A  P  O  Y  E  B  I  F  U  K  E  R
C  I  E  W  G  I  Z  R  H  S  V  D  E  C  P  A
O  D  E  L  I  C  I  O  S  O  L  Q  A  F  W  I
L  Y  Y  Ç  N  L  A  O  S  M  Ç  Y  F  L  H  C
H  A  K  K  F  L  U  A  A  K  S  V  M  T  Á  E
E  C  J  V  P  M  J  Ç  L  J  T  Q  F  C  G  P
R  A  T  N  A  J  G  F  A  T  X  H  V  I  U  S
K  K  A  V  C  P  S  A  D  V  U  Y  R  Q  A  E
E  M  E  L  M  K  E  O  A  C  W  J  D  D  U  V
```

BEBIDA	BOLO
CADEIRA	GELO
COLHER	LEGUMES
ALMOÇO	MACARRÃO
DELICIOSO	OVO
JANTAR	PEIXE
ÁGUA	SALADA
ESPECIARIAS	SAL
GARFO	GARÇOM
FRUTA	SOPA

23 - Beauté

```
Z  J  R  O  C  E  S  O  E  L  Ó  K  E  Q  X  G
W  L  N  D  P  V  E  T  E  S  O  U  R  A  A  Q
Z  F  P  Ç  P  W  R  C  D  O  C  G  T  I  M  P
P  R  N  W  U  E  V  Z  A  N  O  H  Q  C  P  A
E  L  G  H  L  L  I  B  M  C  M  U  E  N  U  E
L  E  M  Í  R  E  Ç  V  Z  U  H  I  Y  Â  Y  S
E  T  O  S  U  G  O  S  N  H  M  O  Y  R  Y  T
G  N  T  O  W  Â  S  H  U  W  L  C  S  G  Y  I
F  A  A  C  H  N  X  K  L  A  Ç  Y  H  A  M  L
Z  G  B  I  E  C  Q  Q  I  E  V  W  I  R  Ç  I
O  E  W  T  M  I  G  Z  A  C  P  E  W  F  C  S
U  L  Y  É  R  A  A  U  Ç  N  W  S  T  Q  O  T
U  E  F  M  A  Q  U  I  A  G  E  M  E  Y  R  A
J  M  S  S  H  T  R  E  R  E  F  L  U  P  Q  Ç
J  O  W  O  C  I  N  Ê  G  O  T  O  F  L  E  Y
M  F  A  C  I  T  Z  X  E  D  I  J  R  Y  I  Q
```

CACHOS	MAQUIAGEM
CHARME	RÍMEL
TESOURA	ESPELHO
COSMÉTICOS	FRAGRÂNCIA
COR	PELE
ELEGÂNCIA	FOTOGÊNICO
ELEGANTE	BATOM
GRAÇA	SERVIÇOS
ÓLEOS	XAMPU
SUAVE	ESTILISTA

24 - Avions

```
H T J K J T N I Y V C O W T S C
H I V A G P G F I P O T R W G M
I A D D Ç M A R E F S O M T A O
S T C R E J T V I N F L A R H Ã
T E P A O S X A E T Z I U R B Ç
Ó R Z L Ã G C I D N P P M L Ç U
R R A T L Ç Ê I C Q T M O T O R
I I R U A Z C N D M O U É C Ã T
A S U R B E Ç Z I A L I R G Ç S
Z S Q A Z B O E R O I Y W A E N
J A C O M B U S T Í V E L E R O
K G T R I P U L A Ç Ã O O E I C
E E D U T I T L A V G V F Y D T
O M P A S S A G E I R O Q B O W
T U R B U L Ê N C I A I X S Y M
P C Y Ç Ç L W C T O C K I T N A
```

AR	DIREÇÃO
ALTITUDE	TRIPULAÇÃO
ATMOSFERA	INFLAR
ATERRISSAGEM	ALTURA
AVENTURA	HISTÓRIA
BALÃO	HIDROGÊNIO
COMBUSTÍVEL	MOTOR
CÉU	PASSAGEIRO
CONSTRUÇÃO	PILOTO
DESCIDA	TURBULÊNCIA

25 - Aventure

```
I D F Ç V X D F E G H F K D C D
P N U M M Ç K J K C V H M I H E
E O C V S Q P N F O K P L F A S
R O V O M S A I S U T N E I N T
I Ã K I M S T Q Y N M L V C C I
G Ç U R B U E P A O W Z I U E N
O A F Á L R M G D V X T A L M O
S R R R Q I A Ç U O Ç I G D A A
O A Z E L E B V C R M R E A E T
Q P Q N A Z E R U T A N N D X I
M E A I R G E L A R X N S E C V
G R C T D N L I J Z A F Ç O U I
N P M I N A V E G A Ç Ã O A R D
S U R P R E E N D E N T E Ç S A
O P O R T U N I D A D E R X Ã D
O D J U I Ç L O G L K Q U Y O E
```

ATIVIDADE	ITINERÁRIO
BELEZA	ALEGRIA
BRAVURA	NATUREZA
CHANCE	NAVEGAÇÃO
PERIGOSO	NOVO
DESTINO	OPORTUNIDADE
DIFICULDADE	PREPARAÇÃO
ENTUSIASMO	SEGURANÇA
EXCURSÃO	SURPREENDENTE
INCOMUM	VIAGENS

26 - Ville

```
T Z W E S C O L A C B D R A M A
G A L E R I A F A R M Á C I A E
B K B W R N I V T H B A X R E R
X C Q E P D M W L E D M E A S O
R I R O F W W K M U S E U D T P
L E D A D I S R E V I N U A Á O
I L S O O C N A B F S I K P D R
V B L T D S X E J F J C A J I T
R G B X A C E T O I L B I B O O
A Z W Z C U C Q S B E G X H Ã B
R Y K N R E R L D Z T O O A L U
I W N Q E G L A Í Z O W R G A D
A Ç B J M K E Y N N H M G Q S K
T E A T R O W D E T I H S Q Q N
F L O R I S T A J Q E C H E J I
S U P E R M E R C A D O A Q P T
```

AEROPORTO	LIVRARIA
BANCO	MERCADO
BIBLIOTECA	MUSEU
PADARIA	FARMÁCIA
CINEMA	RESTAURANTE
CLÍNICA	SALÃO
ESCOLA	ESTÁDIO
FLORISTA	SUPERMERCADO
GALERIA	TEATRO
HOTEL	UNIVERSIDADE

27 - Ingénierie

```
R  C  P  C  C  O  N  S  T  R  U  Ç  Ã  O  R  P
L  Á  E  R  F  S  P  U  K  M  O  T  O  R  O  R
Í  L  X  G  O  F  U  N  D  P  A  Q  Ã  L  T  O
Q  C  X  Â  O  P  Ç  X  F  R  V  Q  Ç  P  A  F
U  U  M  N  I  Ç  U  O  P  M  O  Z  I  G  Ç  U
I  L  K  G  E  X  V  L  D  U  O  W  U  O  Ã  N
D  O  N  U  V  Ç  L  E  S  Ç  Z  L  B  E  O  D
O  M  X  L  V  H  L  F  G  Ã  H  E  I  X  O  I
Y  R  E  O  B  M  E  L  R  Y  O  S  R  O  Ç  D
E  D  A  D  I  L  I  B  A  T  S  E  T  R  U  A
I  N  Z  H  I  H  C  F  R  B  T  I  S  T  F  D
F  X  E  B  A  Ç  R  O  F  W  Y  D  I  E  U  E
V  L  M  R  T  D  Ã  D  J  V  D  U  D  M  Q  I
U  W  K  V  G  A  F  O  I  X  A  S  J  Â  N  C
G  U  B  W  E  I  G  K  M  M  Á  Q  U  I  N  A
Ç  N  K  Z  R  J  A  M  A  R  G  A  I  D  K  V
```

ÂNGULO	FORÇA
EIXO	LÍQUIDO
CÁLCULO	MÁQUINA
CONSTRUÇÃO	MEDIÇÃO
DIAGRAMA	MOTOR
DIÂMETRO	PROFUNDIDADE
DIESEL	PROPULSÃO
DISTRIBUIÇÃO	ROTAÇÃO
ENERGIA	ESTABILIDADE

28 - Énergie

```
F V L Y I Q E N O R T É L E F N
I Y Q J P J W K K D X H U N U D
W R V A N I L O S A G N O T Ó F
A V M I U R R J Ç M O E D R C U
Z B I R C O E U D W L E S O O K
I Ç T T L E T N E I B M A P M R
Z K B S E A O P O I E H U I B H
D H I Ú A Z O N M V W S O A U I
U C C D R C A L O R Á N E U S D
M A A N I B R U T B S V Z L T R
M Z W I C A R B O N O O E E Í O
O Ã Ç I U L O P K G C Y L L V G
T B A T E R I A V E N T O W E Ê
O S R O E L É T R I C O X Q L N
R H T V W U H C T Q C A U X B I
E N C J Y J G O U Ç C T B Z Ç O
```

BATERIA
CARBONO
COMBUSTÍVEL
CALOR
DIESEL
ENTROPIA
AMBIENTE
GASOLINA
ELÉTRICO
ELÉTRON

HIDROGÊNIO
INDÚSTRIA
MOTOR
NUCLEAR
FÓTON
POLUIÇÃO
RENOVÁVEL
SOL
TURBINA
VENTO

29 - Corps Humain

```
H  R  T  U  X  E  L  E  P  C  C  B  W  Q  M  H
Y  I  O  M  R  S  M  P  Y  O  Ã  M  K  G  A  L
S  Ç  R  U  W  T  Y  Z  G  T  D  W  H  T  N  P
O  F  N  Z  K  Ô  K  D  K  O  H  E  R  H  D  Y
A  Y  O  Q  U  M  Z  Q  T  V  O  X  D  G  Í  C
M  T  Z  T  A  A  W  A  Ç  E  B  A  C  O  B  É
S  F  E  V  H  G  K  H  M  L  X  P  G  H  U  R
B  N  L  G  L  O  N  L  S  O  I  B  Á  L  L  E
D  O  O  A  M  O  E  E  B  E  Ç  J  Ç  E  A  B
F  X  C  A  C  M  Y  R  U  U  B  O  M  O  M  R
U  I  V  A  U  B  G  O  W  G  A  H  C  J  E  O
Ç  E  X  Z  I  R  A  N  Z  N  U  E  Z  S  M  O
I  U  O  U  C  O  C  O  R  A  Ç  Ã  O  F  E  P
I  Q  E  Ç  S  D  Ç  Ç  D  S  R  O  S  T  O  P
W  I  Y  S  G  Ç  G  Y  S  P  Ç  B  F  O  V  B
M  T  F  B  Q  N  I  T  S  O  A  Ç  I  O  B  V
```

BOCA	LÁBIOS
CÉREBRO	MÃO
TORNOZELO	MANDÍBULA
PESCOÇO	QUEIXO
COTOVELO	NARIZ
CORAÇÃO	ORELHA
DEDO	PELE
ESTÔMAGO	SANGUE
OMBRO	CABEÇA
JOELHO	ROSTO

30 - Biologie

```
G T A M A M Í F E R O X S J D V
O S M O S E O S A J E M P C W Z
S Z O I A A I T L E Ç N R É B R
B V S N I P N Z E L H D O L J É
D T S Ô R S É A A N B L T U D P
P A O R É I G T T O M A E L C T
V O M U T N A A I O R J Í A W I
Y Ã O E C A L T B W M F N M E L
M Ç R N A P O Z C Q Y I A I S H
Q U C Q B S C L Y T E O A Z I Q
N L T U E E Q A D N E Ã R N M Y
S O B A N O M R O H E I W E B E
Z V I T Ç T C U G I C R V J I G
X E K R A Ã O T Ç R A B V E O W
V U U N T B O A Q O W M C O S O
F O T O S S Í N T E S E X T E D
```

ANATOMIA	MUTAÇÃO
BACTÉRIAS	NATURAL
CÉLULA	NERVO
CROMOSSOMA	NEURÔNIO
COLAGÉNIO	OSMOSE
EMBRIÃO	FOTOSSÍNTESE
ENZIMA	PROTEÍNA
EVOLUÇÃO	RÉPTIL
HORMONA	SIMBIOSE
MAMÍFERO	SINAPSE

31 - Épices

```
V R C U Y P C A X Ç Ç B Y U X A
E U P T O I A O H C N U F F E L
C A R I L M L D E A K G I Q S C
O V C H Y E H E Z N N J K R X A
L J P R Z N O Z L E T I B N G Ç
P S R H N T Y A M N Ç R S O E U
K C R Ç N A A M A R G O O Z N Z
O C E B O L A D C G Q B S M G Q
S V R C X N A O A M U A U O I K
I F F O F X P S R V F S F S B C
N G E M G Z A P D V E V B C R X
A H L I N U A B A W P P D A E V
G M Y N U S G S M Q Ç H F D S T
T Q I H P Ç W K O X V N I A D S
G V M O B R L G M P Á P R I C A
D Ç C A N E L A O A Ç A F R Ã O
```

AZEDO	GENGIBRE
ALHO	NOZ-MOSCADA
AMARGO	CEBOLA
ANIS	PÁPRICA
CANELA	PIMENTA
CARDAMOMO	ALCAÇUZ
COENTRO	AÇAFRÃO
COMINHO	SABOR
CARIL	SAL
FUNCHO	BAUNILHA

32 - Agronomie

```
D O E N Ç A S A M E T S I S C H
I D E N T I F I C A Ç Ã O K I Z
U K B O Q A M B I E N T E J Ê F
D B D M R D G B X T C E Y O N E
W U Y A I G O L O C E L O Ã C R
C R E S C I M E N T O Á B Ç I T
S Q A I W Ç C Q O B L T G I A I
E B J U J O Ã Ç U D O R P U E L
M Q E Q H D J U R N S G F L A I
E A K S T C Y Z A U K F Ç O I Z
N L S E E R O S Ã O R Y J P G A
T C N P K M D R A P S A Y C R N
E A G R I C U L T U R A L Ç E T
S A N F M J T G O U T E V A N E
K R A W U B S V E I I V H Q E H
O B H P N P E E A L U J E G W F
```

AGRICULTURA	IDENTIFICAÇÃO
CRESCIMENTO	LEGUMES
ÁGUA	DOENÇAS
FERTILIZANTE	POLUIÇÃO
AMBIENTE	PRODUÇÃO
ECOLOGIA	PESQUISA
ENERGIA	RURAL
EROSÃO	CIÊNCIA
ESTUDO	SOLO
SEMENTES	SISTEMAS

33 - Science

```
N  G  I  M  Á  E  O  O  M  W  Y  R  M  P  E  D
X  B  U  C  T  Q  U  Í  M  I  C  O  I  A  X  D
A  V  W  S  O  D  A  D  U  C  V  Ã  N  R  P  L
T  G  Z  L  M  Ç  O  M  O  I  E  Ç  E  T  E  H
S  P  I  P  O  N  E  T  E  Ç  R  U  R  Í  R  G
I  G  H  I  L  L  M  T  S  X  T  L  A  C  I  R
T  Y  V  D  I  G  C  É  E  E  D  O  I  U  Ê  A
N  A  T  U  R  E  Z  A  T  L  G  V  S  L  N  V
E  F  Q  A  A  S  Q  C  Ó  O  F  E  S  A  C  I
I  Ç  U  R  Q  Y  T  O  P  P  D  Í  H  S  I  D
C  F  F  Ó  S  S  I  L  I  L  N  O  S  D  A  A
E  R  A  U  P  M  C  K  H  I  A  T  Q  I  D  D
Q  G  M  T  O  R  G  A  N  I  S  M  O  P  C  E
H  O  I  J  O  Ã  Ç  A  V  R  E  S  B  O  V  A
S  A  L  U  C  É  L  O  M  E  E  K  S  T  H  I
D  I  C  L  A  B  O  R  A  T  Ó  R  I  O  U  P
```

ÁTOMO	LABORATÓRIO
QUÍMICO	MÉTODO
CLIMA	MINERAIS
DADOS	MOLÉCULAS
EXPERIÊNCIA	NATUREZA
EVOLUÇÃO	OBSERVAÇÃO
FATO	ORGANISMO
FÓSSIL	PARTÍCULAS
GRAVIDADE	FÍSICA
HIPÓTESE	CIENTISTA

34 - Vêtements

```
J  C  Ç  P  H  M  E  S  X  O  X  D  J  P  B  S
A  P  I  G  U  C  A  L  Ç  A  N  R  G  I  R  A
Q  C  X  R  L  L  L  E  N  Ç  O  X  T  J  L  N
U  M  H  Y  P  Y  S  Y  N  D  K  O  D  A  W  D
E  R  O  L  S  Ç  Ç  E  R  J  A  O  T  M  A  Á
T  O  I  D  N  D  N  P  I  U  S  D  B  A  T  L
A  Q  C  C  A  S  U  L  B  R  E  T  É  U  S  I
F  W  I  V  E  S  T  I  D  O  A  X  T  X  E  A
E  H  N  N  J  Z  L  R  R  T  I  Y  D  K  F  S
L  A  T  N  E  V  A  U  N  A  A  B  L  R  Y  R
C  Q  O  D  H  Z  S  H  V  P  S  H  F  J  V  A
E  Z  J  Z  O  X  I  B  R  A  L  O  C  D  O  Z
C  H  A  P  É  U  M  U  Z  S  S  U  N  D  F  X
B  Y  G  L  C  P  A  H  K  W  C  A  S  A  C  O
D  Ç  J  A  J  V  C  P  O  X  L  N  T  Y  T  H
C  G  F  S  E  R  M  S  Q  B  K  J  Ç  J  K  O
```

PULSEIRA	SAIA
CINTO	CASACO
CHAPÉU	MODA
SAPATO	CALÇA
CAMISA	SUÉTER
BLUSA	PIJAMA
COLAR	VESTIDO
LENÇO	SANDÁLIAS
LUVAS	AVENTAL
JEANS	JAQUETA

35 - Arts Visuels

```
E  T  E  L  A  V  A  C  W  G  O  K  F  Q  P  M
D  S  A  Ç  Y  H  S  B  D  Q  I  D  I  O  E  G
O  W  C  C  P  P  G  E  T  E  X  Z  L  Ã  R  N
Ç  M  I  U  I  L  L  Á  P  I  S  U  M  Ç  S  A
Z  F  M  F  L  F  I  U  X  O  Y  H  E  I  P  B
M  I  Â  G  I  T  X  B  S  X  S  W  Z  S  E  Z
T  Z  R  P  C  U  U  R  E  T  R  A  T  O  C  O
I  K  E  H  N  C  A  R  U  T  N  I  P  P  T  B
Q  D  C  X  Ê  X  Ç  V  A  R  E  C  O  M  I  R
Q  P  D  R  T  K  N  Y  T  T  O  F  V  O  V  A
O  D  J  Z  S  F  Z  P  E  A  S  K  B  C  A  P
Ã  P  Y  Z  E  T  I  R  N  L  N  I  G  Q  F  R
V  F  F  Z  Ç  M  N  V  A  I  Z  R  T  Z  Ç  I
R  N  L  F  N  I  R  P  C  G  J  G  K  R  N  M
A  R  Q  U  I  T  E  T  U  R  A  Y  Ç  J  A  A
C  R  I  A  T  I  V  I  D  A  D  E  E  Y  Ç  Ç
```

ARQUITETURA	LÁPIS
ARGILA	CRIATIVIDADE
ARTISTA	FILME
CERÂMICA	PINTURA
CARVÃO	PERSPECTIVA
OBRA-PRIMA	ESTÊNCIL
CAVALETE	RETRATO
CERA	ESCULTURA
COMPOSIÇÃO	CANETA
GIZ	VERNIZ

36 - Méditation

```
E  U  O  K  T  J  R  B  A  C  H  P  B  O  Q  Z
T  C  F  X  L  L  Z  S  O  M  L  A  C  Ã  O  A
C  O  M  P  A  I  X  Ã  O  N  L  W  D  Ç  A  T
H  T  Ã  G  S  I  K  Y  C  M  D  Z  Y  A  C  E
J  N  G  Ç  D  N  Q  N  Q  R  P  A  J  V  O  N
C  E  R  L  A  T  N  E  M  W  O  C  D  R  R  Ç
L  M  A  H  Z  T  Ç  R  D  A  Z  I  B  E  D  Ã
A  I  T  Á  E  E  I  O  W  H  N  S  W  S  A  O
R  V  I  B  R  T  M  E  W  W  X  Ú  L  B  D  D
E  O  D  I  U  U  P  O  C  J  G  M  Y  O  O  I
Z  M  Ã  T  T  H  J  R  Ç  A  R  U  T  S  O  P
A  J  O  O  A  I  B  V  I  Õ  W  A  F  D  D  N
T  C  D  S  N  A  V  I  T  C  E  P  S  R  E  P
Q  P  A  Z  O  T  H  H  V  L  K  S  J  O  M  G
M  P  X  Ç  R  E  S  P  I  R  A  N  D  O  N  Ç
R  C  C  M  S  I  L  Ê  N  C  I  O  T  Ç  C  A
```

ACEITAÇÃO	MENTAL
ATENÇÃO	MOVIMENTO
CALMO	MÚSICA
CLAREZA	NATUREZA
COMPAIXÃO	OBSERVAÇÃO
EMOÇÕES	PAZ
ACORDADO	PERSPECTIVA
BONDADE	POSTURA
GRATIDÃO	RESPIRANDO
HÁBITOS	SILÊNCIO

37 - Littérature

```
A  Q  I  O  H  R  F  X  N  I  T  Q  P  D  Ç  G
C  N  A  T  H  Y  Y  Q  A  A  N  Á  L  I  S  E
E  E  A  C  T  V  T  R  R  A  N  E  D  O  T  A
F  V  R  L  O  Ã  Ç  I  R  C  S  E  D  S  L  E
U  F  K  I  O  C  J  T  A  P  O  É  T  I  C  O
Q  V  O  J  U  G  F  M  D  N  O  M  F  I  L  Y
R  M  X  H  Q  V  I  O  O  J  P  U  A  K  A  G
P  A  Q  K  X  B  C  A  R  A  U  T  O  R  R  E
F  I  C  Ç  Ã  O  O  Ã  Ç  A  R  A  P  M  O  C
M  F  W  B  I  I  N  Q  Ç  H  L  Ç  U  U  F  N
F  A  T  E  M  A  C  Y  T  K  J  T  W  K  Á  A
V  R  T  K  Z  C  L  D  I  Á  L  O  G  O  T  M
D  G  R  I  M  A  U  P  O  E  M  A  I  R  E  O
K  O  O  W  O  G  S  L  L  D  H  Q  P  R  M  R
M  I  A  O  H  Q  Ã  T  R  A  G  É  D  I  A  G
K  B  T  W  Z  F  O  L  I  T  S  E  B  A  B  U
```

ANALOGIA

ANÁLISE

ANEDOTA

AUTOR

BIOGRAFIA

COMPARAÇÃO

CONCLUSÃO

DESCRIÇÃO

DIÁLOGO

FICÇÃO

METÁFORA

NARRADOR

POEMA

POÉTICO

RIMA

ROMANCE

RITMO

ESTILO

TEMA

TRAGÉDIA

38 - Nourriture #1

```
C S R W J C N K X U D P Z Q A K
L A I T S A R I S I W F J E Z X
O D F Z O N P E R A X P Ç U V V
E A M É P E P Q M U Ç T W V U D
N L L B A L U A D A V E C S C Y
R A C Ú Ç A C L S F G H N O Z V
A S R A N Y E H D W B E X D D O
C E N O U R A O A T A G Q A E Y
H T D Ã C J N M C E N Ç H Y Ç G
J I A M I E A S O D Ç A J Y S F
I E T I B Q B Ç U R G A L N L V
F L U L Q X H O Y K A S N S N X
H A M S X K A L L N N A G A Y
E S P I N A F R E A V O G L B Ç
M A N J E R I C Ã O N Z H O O W
H Ç D D L S U C O N D F Ç S T T
```

ALHO	NABO
MANJERICÃO	CEBOLA
CAFÉ	CEVADA
CANELA	PERA
CENOURA	SALADA
LIMÃO	SAL
ESPINAFRE	SOPA
MORANGO	AÇÚCAR
SUCO	ATUM
LEITE	CARNE

39 - Jours et Mois

```
T  T  K  A  U  T  T  D  E  X  U  A  J  S  S  M
S  Ê  M  S  H  J  E  E  O  B  J  S  D  I  E  Ç
N  D  V  A  F  P  R  A  R  M  L  C  Z  U  G  T
H  Y  A  R  R  H  Ç  R  B  S  I  Z  V  Z  U  X
A  B  R  I  L  Ç  A  I  M  C  C  N  Y  T  N  A
N  S  I  E  A  D  O  E  E  H  K  B  G  X  D  G
A  Á  E  F  X  U  G  F  V  R  K  J  G  O  A  O
M  B  F  A  Q  J  J  A  O  M  Q  P  L  R  F  S
E  A  A  T  J  N  A  T  N  Q  Ç  G  S  B  E  T
S  D  T  R  U  Y  T  N  J  U  N  H  O  U  I  O
S  O  X  A  L  Z  Q  I  E  U  W  Q  Ç  T  R  P
V  Y  E  U  H  I  N  U  G  I  R  W  A  U  A  R
C  A  S  Q  O  T  K  Q  B  J  R  O  K  O  K  F
C  A  L  E  N  D  Á  R  I  O  H  O  E  S  S  V
Y  S  E  T  E  M  B  R  O  X  M  I  B  W  Ç  I
F  E  V  E  R  E  I  R  O  I  M  U  J  E  Ç  Z
```

AGOSTO
ABRIL
CALENDÁRIO
DOMINGO
FEVEREIRO
JANEIRO
QUINTA-FEIRA
JULHO
JUNHO
SEGUNDA-FEIRA

TERÇA
MARÇO
QUARTA-FEIRA
MÊS
NOVEMBRO
OUTUBRO
SÁBADO
SEMANA
SETEMBRO
SEXTA-FEIRA

40 - Jardinage

```
Ç  J  Y  F  L  O  R  A  L  T  D  A  Q  X  P  W
N  L  V  P  E  L  Ç  R  A  M  O  P  T  W  Ç  Ç
Q  S  E  E  V  O  M  I  S  A  Z  O  N  A  L  K
M  W  T  M  Í  S  S  E  I  C  É  P  S  E  U  V
D  R  N  Y  T  N  F  U  C  O  M  P  O  S  T  O
Ê  F  E  N  S  F  E  G  O  F  R  G  P  S  L  C
U  Z  I  G  E  C  V  N  B  V  Q  M  Ç  X  P  I
Q  M  P  M  M  A  F  A  R  I  E  J  U  S  C  T
U  U  I  V  O  Z  D  M  C  L  O  I  N  S  D  Ó
B  M  C  D  C  Z  V  F  U  L  R  K  W  U  Ç  X
J  M  E  G  A  H  L  O  F  P  I  F  L  O  R  E
A  G  R  M  U  D  T  L  S  Z  B  M  Y  L  T  F
R  V  T  P  G  W  E  H  D  I  I  G  A  M  U  Y
J  R  F  S  Á  I  Q  A  B  O  T  Â  N  I  C  O
R  S  S  E  M  E  N  T  E  S  S  D  K  Z  S  R
V  K  Z  C  N  I  I  S  C  Y  Z  V  A  U  H  R
```

BOTÂNICO	FLOR
BUQUÊ	FLORAL
CLIMA	SEMENTES
COMESTÍVEL	UMIDADE
COMPOSTO	RECIPIENTE
ÁGUA	SAZONAL
ESPÉCIES	SUJEIRA
EXÓTICO	SOLO
FOLHAGEM	MANGUEIRA
FOLHA	POMAR

41 - Entreprise

```
E  R  O  D  A  G  E  R  P  M  E  Y  M  W  J  Y
R  S  E  T  R  A  N  S  A  Ç  Ã  O  U  Y  Q  Ç
V  Z  C  N  H  M  G  U  O  W  Q  D  N  C  L  G
L  B  V  R  D  I  N  T  R  K  J  H  O  U  I  N
M  N  L  Ç  I  I  A  C  I  R  B  Á  F  S  M  D
M  O  E  D  A  T  M  C  E  L  S  S  O  T  J  B
Z  J  P  F  Z  B  Ó  E  H  Q  R  O  B  O  T  F
R  W  I  Z  A  P  Q  R  N  U  J  P  Y  C  A  I
M  O  G  O  T  N  E  M  I  T  S  E  V  N  I  N
E  M  P  R  E  S  A  A  D  O  O  L  V  I  M  A
M  E  R  C  A  D  O  R  I  A  A  U  E  T  O  N
W  L  S  C  H  J  Ç  H  X  K  S  C  N  C  N  Ç
W  W  Ç  O  T  N  O  T  J  R  C  R  D  H  O  A
H  Y  S  Z  P  A  O  L  I  X  F  O  A  R  C  N
W  G  Q  H  I  M  P  O  S  T  O  S  L  D  E  O
O  R  Ç  A  M  E  N  T  O  Ç  K  E  N  O  I  F
```

DINHEIRO	FINANÇA
LOJA	IMPOSTOS
ORÇAMENTO	INVESTIMENTO
ESCRITÓRIO	MERCADORIA
CUSTO	LUCRO
MOEDA	RENDIMENTO
EMPREGADOR	TRANSAÇÃO
EMPRESA	FÁBRICA
ECONOMIA	VENDA

42 - Mode

```
F Y N L M S Z Z H H R I X U Ç
I V K Q P E L N O T S E D O M U
G R F O L Õ D I D O L T D T I G
E H M X H T F I A N E E Z E R K
T E C I D O I A D L V X F N O Y
E L C M A B Ç N R A Í T H D U B
C L P R Á T I C O R S U S Ê P O
L A E H T O K U B E S R I N A U
M C R G S M M A E N E A M C E T
Ç N C O A P L D S D C G P I S I
S C Z D Z N F K E A A B L A T Q
O H U Y U Y T E O U T T E L I U
O B F R S L I E A K S P S B L E
T K O O C M K L A N I G I R O N
A U C O N F O R T Á V E L Q G P
C X N A W U V L V M O D E R N O
```

ACESSÍVEL
BOUTIQUE
BOTÕES
BORDADO
CARO
CONFORTÁVEL
RENDA
ELEGANTE
MEDIDAS
MODERNO

MODESTO
ORIGINAL
PRÁTICO
SIMPLES
ESTILO
TENDÊNCIA
TEXTURA
TECIDO
ROUPA

43 - Fleurs

```
U P K O N A R C I S O Ç R D P X
D Q S Y K R E G R A X Y P N J Z
B U Q U Ê L Q D A I N Ô E P A E
W M F G G F E D Í R Y E Z O S M
C I V I L Í R I O U D L Y C M G
K U A R L I L Á S T Q Ê L M I C
Z S G A L A T É P T O R N T M Q
I D J S A D O U A R Y Z O I S X
P C T S I D F Z B E B N R Q A W
Ç A S O R Q E P N V S Ç H O P X
H D P L E S D T Ç O C S I B I H
Y N I O M A R G A R I D A M L E
G A M D U M A G N Ó L I A C U B
R V V L L L Y Z F T G A D Z T U
K A I N P L A L T D Y G Ç Y Z E
Q L D E N T E D E L E Ã O F T E
```

BUQUÊ
GARDÊNIA
HIBISCO
JASMIM
NARCISO
LAVANDA
LILÁS
LÍRIO
MAGNÓLIA
MARGARIDA

ORQUÍDEA
PAPOULA
PÉTALA
DENTE-DE-LEÃO
PEÔNIA
PLUMERIA
ROSA
GIRASSOL
TREVO
TULIPA

44 - Nourriture #2

```
O T P I B O Z P S A G N A M U Y
J O A I E L S R D J M N U K Q W
Y M C R R L G E K E T Ê R U S C
B A Ç N I K Y S W R Z J N X V A
A T J C N G S U K E Y J A D R A
C E L M G G X N H C B K Q L O L
H O I E M U T F S F S S C Ã A
Z D G V L A Q O G I R T W R P A
X W Z U A Ç F R A N G O K L O I
X S Q S M Ã B A N A N A M D K X
I N N W O E T A L O C O H C S Q
A E R T S I L O C Ó R B P F F M
D U Q C B V K O F Ç D Z E I W E
H E M N P Q T V F Ç A A I W I K
L K W Ç A I P O S R H P X Ç O V
A R R O Z Z A N B B N Q E E E P
```

AMÊNDOA   KIWI
BERINGELA   MANGA
BANANA   OVO
TRIGO   PÃO
BRÓCOLIS   PEIXE
CEREJA   MAÇÃ
AIPO   FRANGO
COGUMELO   UVA
CHOCOLATE   ARROZ
PRESUNTO   TOMATE

45 - Algèbre

```
Z E R O K Y I C G V K W H Y E Q
G R Á F I C O T I N I F N I X U
X A D J G O S Ã F X Z H S N P A
C E L I S P L R Ç T E M U T O N
A N C W A E A D K A V K B O E T
V I Q K Ç G F K Y R R T T R N I
E L Q S J Q R R O T A F R U T D
J B I R H H E A R Q C Q A Q E A
R E Q U A Ç Ã O M I I G Ç R S D
M P R O B L E M A A F Z Ã M E E
B A S O L U Ç Ã O L I O O S T F
O U T S S W O G R U L Y O Ç N L
O E H R N Q Z M E M P U K R Ê I
H I J P I L A Ç M R M J U D R N
K D I S W Z U M Ú Ó I G R L A N
V A R I Á V E L N F S O A Q P K
```

DIAGRAMA	MATRIZ
EXPOENTE	NÚMERO
EQUAÇÃO	PARÊNTESE
FATOR	PROBLEMA
FALSO	QUANTIDADE
FÓRMULA	SIMPLIFICAR
FRAÇÃO	SOLUÇÃO
GRÁFICO	SUBTRAÇÃO
INFINITO	VARIÁVEL
LINEAR	ZERO

46 - Océan

```
T O S A P L B E F E S P O N J A
H U F C M O H N I F L O G O K S
X I B S V H L O N D A S V S Y U
E L L A R O C V L K J C Ç T U D
A N D I R H E S O G U B C R H E
L E K E V Ã U Q C N P O R A I M
G Q T L T V O Ã R A M A C Ç U Q
A B I A A W J R A C U E X I E P
P L O B R L V A B F T N P I M P
L L D B T L G V H E A G B R B P
R A V Ç A Z F G W H E U Y H H P
E S O C R M H I A G F I Z T J A
C N A Ç U X K C O W H A I L Y S
I T J L G T E M P E S T A D E L
F N H M A Ç Ç D D E W N J F R C
E C A R A N G U E J O S N T W H
```

ALGA
ENGUIA
BALEIA
BARCO
CORAL
CARANGUEJO
CAMARÃO
GOLFINHO
ESPONJA
OSTRA

MEDUSA
PEIXE
POLVO
TUBARÃO
RECIFE
SAL
TEMPESTADE
ATUM
TARTARUGA
ONDAS

47 - Antiquités

```
D E C O R A T I V O H L E V V I
I N V E S T I M E N T O L T P H
P O P A R T E S G B L I E C I Q
Y J I S W B Q S S Z W J G L N U
K E O B O C I T N Ê T U A S T A
E R E S T A U R A Ç Ã O N É U L
M S O Ã L I E L C G C Y T C R I
O P T L D É C A D A S D E U A D
B A R I A R U T L U C S E L S A
I X M E L V X A S I Y V A O J D
L Y T V Ç O D I N C O M U M G E
I Y L J P O C R G R V I Q L I D
Á F J B B M X E J M M V M F J O
R Z P J R X T L F Q X A K U J G
I H E K I A X A N L U V F N G P
O U N P S Z E G U M O E D A S X
```

ARTE	PINTURAS
AUTÊNTICO	MOEDAS
DÉCADAS	PREÇO
DECORATIVO	QUALIDADE
LEILÃO	RESTAURAÇÃO
ELEGANTE	ESCULTURA
GALERIA	SÉCULO
INCOMUM	ESTILO
INVESTIMENTO	VALOR
MOBILIÁRIO	VELHO

48 - Réchauffement Climatique

```
B O O R U T U F A I Q C Ç G D Q
M T N U A T S I T N E I C K Ç B
G E R A Ç Õ E S E T P S T M S L
F D E G U V J U N E O B I G A T
H R V D Q I S A Ç R G H C R I W
P Q O E H Z W N Ã N T W U K C S
D X G H K Ç I O A I G R E N E
M A M I L C Á M O C I T R Á Ê Õ
Ç R D V X S B S G I N G S H U Ç
T O R O M M L G E O D Q B A Q A
U G S L S Q B A F N Ú U P B E L
L A T N E I B M A A S U H I S U
S K J R F N V I I L T F T T N P
L E G I S L A Ç Ã O R J T A O O
D Q W X H M P J F I I F S T C P
X O Z V T B Ç W Y A A V B S Q Ç
```

ÁRTICO
ATENÇÃO
CLIMA
CONSEQUÊNCIAS
CRISE
DADOS
AMBIENTAL
ENERGIA
FUTURO
GÁS

GERAÇÕES
GOVERNO
HABITATS
INDÚSTRIA
INTERNACIONAL
LEGISLAÇÃO
AGORA
POPULAÇÕES
CIENTISTA

49 - Ballet

```
M O C D A N Ç A R I N O S I K C
Ú R O I A S N E G X U Y M H E O
S Q M T M R I N O J P O C K K R
C U P O S U A L P A C V W U K E
U E O Q G E D A D I L I B A H O
L S S O Z R G G T H A S T N B G
O T I P B U K K L J S S É I Y R
S R T A K Q P O M I P E C R F A
G A O K R G B G A R Ú R N A Q F
N R R A F T D N P I B P I L Q I
T D A G O C Í T S T L X C I Q A
O P Ç C A C I S Ú M I E A A O U
S O L O I W X T T O C S C B I J
Z H L X O O B L Ç I O L I T S E
U E F I C H S K X C C W V C J Q
J M N E M K S O K E K O M U D O
```

APLAUSO
ARTÍSTICO
BAILARINA
COREOGRAFIA
HABILIDADE
COMPOSITOR
DANÇARINOS
EXPRESSIVO
GESTO
GRACIOSO

MÚSCULOS
MÚSICA
ORQUESTRA
PÚBLICO
ENSAIO
RITMO
SOLO
ESTILO
TÉCNICA

50 - Fruit

```
Z  J  R  Q  N  U  J  N  Ç  A  U  X  U  H  J  F
P  Ç  T  Y  T  H  W  B  B  A  N  A  N  A  S  R
M  O  L  A  R  A  N  J  A  V  C  T  J  H  S  A
A  Ã  G  J  N  P  N  Z  H  U  O  H  K  J  G  M
Ç  L  C  E  Q  X  A  C  H  K  I  S  T  Y  P  B
Ã  E  G  R  S  N  C  O  H  X  X  U  Q  G  P  O
D  M  D  E  W  S  A  N  I  R  A  T  C  E  N  E
A  B  V  C  U  N  Ê  A  B  A  C  A  T  E  I  S
M  I  O  Ã  M  A  M  P  E  R  A  G  A  B  M  A
A  K  Ã  O  K  R  U  D  B  Q  B  G  W  M  S  Ç
S  H  M  E  F  K  V  P  A  G  A  K  T  K  P  I
C  Y  I  A  Y  Q  S  M  F  K  Q  L  X  T  W  Z
O  K  L  Ç  N  C  X  W  I  V  I  Y  P  X  H  C
G  O  F  C  F  G  T  Z  G  Y  N  W  Y  V  H  E
G  O  I  A  B  A  A  B  O  Y  I  H  I  R  T  U
G  P  I  A  H  I  E  Z  X  T  G  S  L  U  O  Ç
```

DAMASCO	KIWI
ABACAXI	MANGA
ABACATE	MELÃO
BAGA	NECTARINA
BANANA	LARANJA
CEREJA	MAMÃO
LIMÃO	PÊSSEGO
FIGO	PERA
FRAMBOESA	MAÇÃ
GOIABA	UVA

51 - Musique

```
M U B L Á M S E O L Z G B U B Q
S I U L H M P C S A Í U F W R Y
M O C I S S Á L C C O R P X J K
R Ç U R Ç E G K H O I O I L V B
A Í X Y O P M E T V G T B C J N
T L T H H F S J O H L N W U O Ç
N Q J M K Y O O T A D A L A B X
A C F N I V A N N R Ç C Q Z O G
C E F R W C Y W E M M Ú S I C O
B D Z T B V O K M O R K M J I M
G R A V A Ç Ã O U N Ç V I I N E
M U S I C A L D R I Ç F A S Ô L
C M U S Q G Y A T A P X T A M O
P O É T I C O F S R I T M O R D
J T O C W S H M N N R Q L A A I
U G Ç A M H Q R I Ó P E R A H A
```

ÁLBUM	MELODIA
BALADA	MICROFONE
CANTAR	MUSICAL
CANTOR	MÚSICO
CLÁSSICO	ÓPERA
GRAVAÇÃO	POÉTICO
HARMONIA	RITMO
HARMÔNICO	RÍTMICO
INSTRUMENTO	TEMPO
LÍRICO	VOCAL

52 - Météo

```
K  K  B  Z  F  W  Z  K  F  G  Ç  H  Ç  G  N  O
U  P  Y  O  E  U  É  C  V  E  N  T  O  E  X  E
Z  C  L  I  M  A  R  T  R  O  V  Ã  O  L  W  U
J  F  P  L  E  L  W  A  P  O  L  A  R  O  I  H
C  W  F  F  V  A  A  C  C  A  Ç  W  D  S  I  A
X  G  N  U  U  C  U  C  Z  Ã  E  F  I  C  K  Q
N  K  T  E  N  I  S  E  C  A  O  Ã  Ç  N  O  M
M  E  W  G  E  P  A  Z  K  M  U  U  B  G  D  D
U  B  V  I  O  O  A  C  V  H  V  V  R  C  A  T
J  X  U  O  C  R  P  S  A  K  W  X  I  D  N  X
E  Y  J  N  E  T  T  P  B  P  G  Y  S  V  R  Ç
L  K  A  C  S  I  R  Í  O  C  R  A  A  U  O  F
M  K  I  A  Q  A  R  E  F  S  O  M  T  A  T  A
R  P  O  O  M  X  B  O  B  Y  K  G  V  R  Q  T
N  M  X  H  T  T  E  M  P  E  R  A  T  U  R  A
T  E  M  P  E  S  T  A  D  E  R  M  C  N  S  F
```

ARCO-ÍRIS   FURACÃO
ATMOSFERA   POLAR
BRISA   SECO
NEVOEIRO   SECA
CALMO   TEMPERATURA
CÉU   TEMPESTADE
CLIMA   TROVÃO
GELO   TORNADO
MONÇÃO   TROPICAL
NUVEM   VENTO

53 - L'Entreprise

```
P  O  S  S  I  B  I  L  I  D  A  D  E  G  D  N
I  G  A  N  P  U  L  H  D  B  T  B  U  L  H  E
N  E  I  I  R  Q  T  A  O  A  I  T  N  O  P  G
O  R  C  N  O  I  U  O  I  H  E  M  I  B  Q  Ó
V  P  N  V  F  C  N  A  L  L  C  G  D  A  M  C
A  M  Ê  E  I  R  B  D  L  G  E  Z  A  L  S  I
D  E  D  S  S  I  R  O  Ú  I  R  C  D  V  H  O
O  V  N  T  S  A  O  I  R  S  D  Z  E  Z  P  Ã
R  T  E  I  I  T  T  R  S  E  T  A  S  F  R  Ç
Y  R  T  M  O  I  A  E  K  C  B  R  D  X  O  A
Ç  X  B  E  N  V  I  C  U  V  O  N  I  E  G  T
B  U  U  N  A  O  R  U  H  A  Ç  S  M  A  R  U
L  O  W  T  L  O  C  R  H  H  G  U  T  G  E  P
I  I  Ç  O  T  J  P  S  Y  B  E  U  S  V  S  E
D  E  C  I  S  Ã  O  O  T  U  D  O  R  P  S  R
O  Ã  Ç  A  T  N  E  S  E  R  P  A  R  Ç  O  X
```

NEGÓCIO	PRODUTO
CRIATIVO	PROFISSIONAL
DECISÃO	PROGRESSO
EMPREGO	QUALIDADE
GLOBAL	RECURSOS
INDÚSTRIA	RECEITA
INOVADOR	REPUTAÇÃO
INVESTIMENTO	RISCOS
POSSIBILIDADE	TENDÊNCIAS
APRESENTAÇÃO	UNIDADES

54 - Gouvernement

```
M Y E S K Y B J S Í M B O L O C
O S P H L C Q U Q N R A B B F I
N C E X O I E D S O T I E R I D
U C I M B V Y I M R D C I H I A
M O L F F I S C L E I A N D G D
E N I E Í L U I P N Ç R D I U A
N S B U S C N A T A F C E S A N
T T E T X T A L T Ç Q O P C L I
O I R R W W A P B Ã U M E U D A
L T D M X X Ç D Z O K E N R A C
H U A Z E U I O O J H D D S D I
J I D H W S T V F J N G Ê O E T
T Ç E O Ã S S U C S I D N F T Í
U Ã O U Ç F U N K V S Y C W B L
K O Q X H B J S H Z E O I C O O
N A C I O N A L Y W X V A M O P
```

CIDADANIA   JUDICIAL
CIVIL   JUSTIÇA
CONSTITUIÇÃO   LIBERDADE
DEMOCRACIA   LEI
DISCURSO   MONUMENTO
DISCUSSÃO   NAÇÃO
DIREITOS   NACIONAL
IGUALDADE   PACÍFICO
ESTADO   POLÍTICA
INDEPENDÊNCIA   SÍMBOLO

55 - Randonnée

```
M W H S A T O B R B S O V O X L
Z C C E U L S D P E D R A S N X
F Z W L G A O B A B F T M J G N
L G M V Á X L D M S Ç Q I E P P
H O L A J K S Y C K N Q L F E O
B N F G S P E S A D O A C N N L
O T N E M A P M A C A T C Q H O
Ã M W M O R I E N T A Ç Ã O A T
Ç C U M E M O N T A N H A P S H
A F S Z S K U J S Z V Ç V M C P
R R L Q M P F G X E G F J E O I
A X W A A G W U T R U X P T W N
P L O W P E Y I P U Z Q Y V D M
E P C L A V W A J T F V R J Z V
R L J K G Z K S I A M I N A T H
P X X J F B A S Z N N L I G P G
```

ANIMAIS
BOTAS
ACAMPAMENTO
MAPA
CLIMA
ÁGUA
PENHASCO
CANSADO
GUIAS
PESADO

TEMPO
MONTANHA
NATUREZA
ORIENTAÇÃO
PARQUES
PEDRAS
PREPARAÇÃO
SELVAGEM
SOL
CUME

56 - Art

```
O  I  B  H  F  Q  R  S  V  G  H  J  J  O  E  K
M  T  Ç  C  I  X  O  E  Í  I  G  E  V  C  S  T
S  K  B  W  G  Ç  M  O  T  M  S  Q  A  I  C  S
I  L  I  N  U  C  U  P  J  R  B  U  L  D  U  U
L  O  J  I  R  Ç  H  B  M  A  A  O  A  N  L  J
A  J  C  S  A  R  U  T  N  I  P  T  L  L  T  E
E  X  P  R  E  S  S  Ã  O  S  Q  X  A  O  U  I
R  E  P  G  E  J  O  T  S  E  N  O  H  R  R  T
R  K  Z  Y  Y  D  R  N  C  O  Y  G  J  I  A  O
U  Ç  T  O  Ã  Ç  I  S  O  P  M  O  C  U  U  W
S  X  H  C  H  A  G  U  C  H  L  N  C  Ç  I  B
F  B  Q  X  A  C  I  M  Â  R  E  C  M  H  J  L
Y  A  P  V  Q  C  N  C  O  M  P  L  E  X  O  D
Q  S  Ç  V  Q  L  A  O  S  S  E  P  R  H  O  J
J  E  L  P  S  E  L  P  M  I  S  Ç  X  I  U  W
X  I  N  S  P  I  R  A  D  O  C  R  I  A  R  X
```

CERÂMICA	ORIGINAL
COMPLEXO	PINTURAS
COMPOSIÇÃO	PESSOAL
CRIAR	POESIA
RETRATAR	ESCULTURA
EXPRESSÃO	SIMPLES
FIGURA	SUJEITO
HONESTO	SURREALISMO
HUMOR	SÍMBOLO
INSPIRADO	VISUAL

57 - Nutrition

```
T O X I N A D S A I R O L A C V
L Í Q U I D O S A C S E O S H I
Ç O D A R B I L I U Q E Q A K T
C O M E S T Í V E L D G N Ú S A
F H E C B A K H T D B Á J D X M
A L S S I U N C Q X U Y V E G I
P O A I P P P Í K D Z B Y E Z N
E M B I M E R Q E P U J V H L A
T F O R R D C O Ã T S E G I D T
I F R Ç W A N I D X O G R A M A
T K Ç Q F D W N A S A R P E S O
E E X T D I V H O R I J P V K X
D I E T A L Y Z U V I Y J D A S
B T B S A A A D C Ç S A Ç F U O
N G J M X U H Z K X O O S B M F
U X N D Ç Q L O F C G I G E B T
```

AMARGO	PESO
APETITE	PROTEÍNAS
CALORIAS	QUALIDADE
COMESTÍVEL	SAUDÁVEL
DIETA	SAÚDE
DIGESTÃO	MOLHO
ESPECIARIAS	SABOR
EQUILIBRADO	TOXINA
LÍQUIDOS	VITAMINA

58 - Créativité

```
H  A  B  I  L  I  D  A  D  E  T  L  N  I  W  I
W  J  C  S  Q  I  M  P  R  E  S  S  Ã  O  H  N
A  E  D  A  D  I  C  I  T  N  E  T  U  A  B  T
I  N  T  E  N  S  I  D  A  D  E  V  B  Q  F  U
S  F  J  N  S  E  N  T  I  M  E  N  T  O  S  I
E  L  X  Â  I  N  V  E  N  T  I  V  O  M  Ç  Ç
N  U  X  T  K  X  O  C  I  T  Á  M  A  R  D  Ã
S  I  O  N  Q  U  Ç  X  N  R  O  Z  Z  A  O
A  D  G  O  W  R  B  D  S  B  F  P  E  N  I  X
Ç  E  L  P  L  B  C  Q  P  H  K  G  R  P  F  C
Ã  Z  S  S  Ç  S  U  T  I  E  I  R  A  I  S  M
O  N  B  E  S  K  R  K  R  R  Y  Ç  L  D  L  Q
E  M  O  Ç  Õ  E  S  Y  A  W  R  Q  C  C  W  F
O  F  N  M  N  S  O  Ã  Ç  A  N  I  G  A  M  I
O  Q  I  V  G  Z  I  O  Ã  S  S  E  R  P  X  E
Q  M  S  S  V  G  P  V  O  M  I  M  A  G  E  M
```

AUTENTICIDADE	IMPRESSÃO
CLAREZA	INSPIRAÇÃO
HABILIDADE	INTENSIDADE
DRAMÁTICO	INTUIÇÃO
EXPRESSÃO	INVENTIVO
EMOÇÕES	SENSAÇÃO
FLUIDEZ	SENTIMENTOS
IMAGEM	ESPONTÂNEA
IMAGINAÇÃO	VISÕES

59 - Science Fiction

```
C  I  R  Z  O  E  F  G  P  L  A  N  E  T  A  Z
M  I  E  Ç  I  Q  A  A  T  S  I  R  U  T  U  F
I  Y  N  S  O  Q  N  L  T  O  C  E  D  G  I  M
S  Z  T  E  Ç  N  T  Á  N  S  H  W  Y  W  L  A
T  Q  H  X  M  U  Á  X  I  A  I  P  O  T  U  I
E  Z  V  Ç  P  A  S  I  C  Ç  K  L  Ç  I  S  M
R  O  L  R  O  F  T  A  A  V  D  U  A  K  Ã  A
I  C  D  I  T  K  I  I  N  T  J  F  E  E  O  G
O  I  R  Á  N  E  C  G  R  O  B  Ô  S  G  R  I
S  M  U  N  D  O  O  O  E  X  T  R  E  M  O  N
O  Ó  I  Y  N  U  G  L  Z  X  U  I  Z  Q  O  Á
X  T  F  S  O  Q  O  O  U  W  C  D  Y  F  B  R
D  A  Z  G  G  T  F  N  U  C  X  L  U  L  M  I
L  I  V  R  O  S  N  C  R  I  Á  V  Z  U  Y  O
O  Ã  S  O  L  P  X  E  P  T  Ç  R  Q  S  O  N
S  S  L  V  N  G  C  T  B  M  B  H  O  V  T  F
```

ATÓMICO	LIVROS
CINEMA	MUNDO
EXPLOSÃO	MISTERIOSO
EXTREMO	ORÁCULO
FANTÁSTICO	PLANETA
FOGO	REALISTA
FUTURISTA	ROBÔS
GALÁXIA	CENÁRIO
ILUSÃO	TECNOLOGIA
IMAGINÁRIO	UTOPIA

60 - Professions #1

```
E  M  V  E  T  E  R  I  N  Á  R  I  O  G  O  E
D  M  Ú  L  M  B  G  X  A  T  O  G  N  D  Y  N
A  U  B  S  L  P  O  F  A  R  G  Ó  T  R  A  C
N  C  K  A  I  C  F  M  G  E  Ó  L  O  G  O  A
Ç  D  Q  V  I  C  M  Ç  B  H  E  P  N  Y  D  N
A  O  U  W  Y  X  O  R  I  E  H  L  A  O  J  A
R  U  R  P  O  J  A  Y  J  M  I  K  O  B  P  D
I  T  Y  V  Q  E  R  D  H  T  P  R  M  A  I  O
N  O  O  L  P  Ç  R  E  O  D  S  O  O  N  A  R
O  R  O  D  A  Ç  A  C  Ç  R  I  D  N  Q  N  O
E  N  F  E  R  M  E  I  R  A  C  A  Ô  U  I  T
A  D  V  O  G  A  D  O  V  K  Ó  N  R  E  S  I
G  O  L  H  T  C  W  R  D  S  L  I  T  I  T  D
C  I  E  N  T  I  S  T  A  R  O  E  S  R  A  E
T  F  C  O  Y  X  Q  Y  O  P  G  R  A  O  C  J
C  Y  S  B  E  Ç  X  M  B  M  O  T  G  N  D  B
```

EMBAIXADOR	GEÓLOGO
ASTRÔNOMO	ENFERMEIRA
ADVOGADO	DOUTOR
BANQUEIRO	MÚSICO
JOALHEIRO	PIANISTA
CARTÓGRAFO	ENCANADOR
CAÇADOR	BOMBEIRO
DANÇARINO	PSICÓLOGO
TREINADOR	CIENTISTA
EDITOR	VETERINÁRIO

61 - Géologie

```
F  T  Q  C  B  Ç  G  C  O  R  A  L  N  G  V  L
K  Ó  Z  U  E  Ç  O  H  D  T  Ç  A  F  M  Y  I
D  I  S  S  A  E  R  N  I  O  Ã  S  O  R  E  W
U  V  R  S  O  R  O  K  C  Ã  E  I  Ç  E  Z  P
T  E  H  P  I  U  T  K  Á  C  M  A  E  G  V  C
N  T  C  C  Y  L  V  Z  S  L  Ô  T  A  L  P  A
A  N  O  Z  N  Q  D  S  O  U  P  S  M  D  Y  M
Z  E  R  N  S  M  X  I  S  V  D  I  V  Q  X  A
C  N  L  E  N  X  R  A  V  C  A  R  B  E  S  D
A  I  L  Q  R  C  Q  R  O  J  N  C  N  Q  R  A
V  T  V  T  K  Q  P  E  D  R  A  O  L  A  V  A
E  N  R  A  O  T  Y  N  I  E  E  N  L  Ç  W  E
R  O  J  R  A  T  M  I  D  P  X  S  D  K  Ç  V
N  C  Á  L  C  I  O  M  N  A  K  K  Y  X  X  Y
A  O  N  V  O  W  T  U  U  C  G  X  C  E  N  I
R  W  P  H  A  W  P  B  F  V  X  M  X  W  G  W
```

ÁCIDO	GEYSER
CÁLCIO	LAVA
CAVERNA	MINERAIS
CONTINENTE	PEDRA
CORAL	PLATÔ
CAMADA	QUARTZO
CRISTAIS	SAL
EROSÃO	VULCÃO
FUNDIDO	ZONA
FÓSSIL	

62 - Jardin

```
A N C I N H O S V A R A N D A T
V I D E I R A O B S L A S C S D
P R R V F M H L G X R T S C L K
G T T U I G A O A I E N S R Z O
E R C Q I X P Ç R F G K M L B D
E T A R I Q H Á A C R E C A X I
J Q C M L R P R G H A Ç I G I I
W Z A T A Q L J E J M F K O F F
U A M X E D S Q M O A L J A G Y
Á N U U P V O S U T X O C N A B
R P S Z V Y Ç Z B S E R K L V D
V Y O Ç M M A N G U E I R A Z T
O N Q M I D R A J B Q Z C X J I
R W I F A N R D N R K N U X T M
E G F A D R E J C A I U O G Ç T
A Z Y M H T T T R A M P O L I M
```

ÁRVORE	PÁ
BANCO	GRAMADO
ARBUSTO	VARANDA
CERCA	ANCINHO
LAGOA	SOLO
FLOR	TERRAÇO
GARAGEM	TRAMPOLIM
MACA	MANGUEIRA
GRAMA	POMAR
JARDIM	VIDEIRA

63 - Santé et Bien Être #1

```
F  V  R  Ç  W  T  T  F  A  A  D  W  R  D  V  M
P  O  W  K  M  E  R  M  V  T  K  O  J  D  W  N
O  X  M  O  F  R  A  M  P  I  W  A  U  D  I  F
S  E  M  E  L  A  T  M  E  V  T  Y  B  T  A  F
T  L  Ú  R  U  P  A  K  E  O  S  O  S  S  O  Y
U  F  S  E  I  I  M  G  L  D  A  H  Y  U  P  R
R  E  C  L  C  A  E  H  E  Q  I  C  K  R  R  Ç
A  R  U  A  L  R  N  Á  P  T  R  C  A  Í  J  W
H  I  L  X  Í  U  T  B  U  H  É  E  I  V  G  B
O  A  O  A  N  T  O  I  F  N  T  R  H  N  T  B
R  Y  S  M  I  A  L  T  A  I  C  Á  M  R  A  F
M  C  O  E  C  R  E  O  G  D  A  X  F  U  F  K
O  R  Z  N  A  F  T  U  J  Z  B  R  H  D  Q  I
N  N  S  T  V  V  K  N  M  C  N  M  A  C  L  E
E  V  Q  O  R  O  I  N  A  Q  M  D  D  K  A  F
S  U  C  O  Z  A  L  T  U  R  A  I  O  W  B  I
```

ATIVO	MÚSCULOS
BACTÉRIAS	OSSOS
CLÍNICA	PELE
FOME	FARMÁCIA
FRATURA	POSTURA
HÁBITO	RELAXAMENTO
ALTURA	REFLEXO
HORMONES	TERAPIA
DOUTOR	TRATAMENTO
MEDICINA	VÍRUS

64 - Barbecues

```
P  J  C  R  X  I  H  Y  R  F  G  S  Q  Q  F  O
A  O  X  F  Y  W  M  S  W  R  W  A  Ç  U  A  F
B  G  Z  U  A  A  Z  X  H  V  V  L  E  X  M  R
X  O  Y  V  C  U  C  T  X  G  E  S  B  O  Í  B
F  S  A  D  A  L  A  S  K  K  S  R  Q  N  L  K
T  N  B  O  H  L  O  M  M  Z  U  G  Ã  D  I  I
F  W  J  G  Y  J  I  P  O  H  U  Z  R  O  A  K
D  A  F  N  M  Q  P  C  E  B  O  L  A  S  D  C
F  L  R  A  T  N  A  J  B  L  E  G  U  M  E  S
V  M  U  R  T  O  M  A  T  E  S  T  C  Q  Q  N
L  O  T  F  D  Q  S  Y  H  Q  U  B  N  H  M  R
M  Ç  A  C  I  S  Ú  M  H  H  J  Q  V  E  Z  Ç
V  O  D  S  R  N  A  H  L  E  R  G  J  N  U  R
S  A  Ç  N  A  I  R  C  M  H  H  U  V  E  G  Q
V  S  I  F  A  S  C  P  A  T  N  E  M  I  P  H
G  W  W  J  I  F  O  M  E  F  C  C  I  D  N  E
```

QUENTE	JOGOS
FACAS	LEGUMES
ALMOÇO	MÚSICA
JANTAR	CEBOLAS
CRIANÇAS	PIMENTA
VERÃO	FRANGO
FOME	SALADAS
FAMÍLIA	MOLHO
FRUTA	SAL
GRELHA	TOMATES

65 - Forêt Tropicale

```
E  T  C  D  H  L  M  R  A  T  Z  Z  X  I  V  H
S  F  B  N  I  V  E  U  H  U  I  M  I  N  S  A
P  O  Ã  Ç  A  V  R  E  S  E  R  P  N  S  Z  Z
É  X  C  O  V  F  E  X  G  G  R  C  D  E  Q  D
C  U  Ç  C  L  E  G  R  G  K  O  F  Í  T  C  B
I  B  G  I  E  E  Ç  F  S  B  K  J  G  O  O  M
F  R  V  N  S  J  X  Ç  E  I  K  F  E  S  M  N
S  H  F  Â  M  Q  I  N  W  F  D  G  N  O  U  U
R  E  S  T  A  U  R  A  Ç  Ã  O  A  A  T  N  V
I  C  S  O  R  A  S  S  Á  P  I  V  D  I  I  E
B  L  K  B  I  G  T  X  P  L  G  A  U  E  D  N
O  I  Ç  D  T  B  R  B  E  P  Ú  L  A  P  A  S
I  M  P  O  C  P  Í  C  B  Y  F  I  D  S  D  L
K  A  F  M  P  U  D  F  F  I  E  O  H  E  E  Z
N  A  T  U  R  E  Z  A  N  O  R  S  N  R  C  P
M  A  M  Í  F  E  R  O  S  A  X  O  B  L  J  G
```

ANFÍBIOS
BOTÂNICO
CLIMA
COMUNIDADE
DIVERSIDADE
ESPÉCIES
INDÍGENA
INSETOS
SELVA
MAMÍFEROS

MUSGO
NATUREZA
NUVENS
PÁSSAROS
VALIOSO
PRESERVAÇÃO
REFÚGIO
RESPEITO
RESTAURAÇÃO

66 - Ferme #1

```
P  B  Z  Q  X  C  O  V  R  O  C  C  Ç  R  L  F
T  I  I  I  A  G  Z  L  A  R  B  A  C  I  X  E
V  L  O  S  C  S  T  Z  T  C  M  V  A  V  I  R
I  G  Z  P  Ã  A  R  R  O  Z  A  A  A  W  X  T
C  Ã  O  Y  Y  O  X  T  T  M  V  L  R  A  O  I
Ç  O  V  T  Q  O  Z  D  A  T  X  O  U  E  A  L
F  G  E  U  Y  Ç  M  M  G  O  N  Y  T  L  R  I
U  U  F  E  N  O  E  C  E  R  C  A  L  Q  Ç  Z
V  Y  T  D  M  P  L  E  V  R  S  M  U  O  W  A
E  V  U  O  W  M  J  Q  I  E  W  A  C  G  N  N
A  B  E  L  H  A  F  T  T  Z  F  B  I  N  Á  T
Z  O  A  K  R  C  N  A  W  E  J  E  R  A  Y  E
G  W  X  H  I  W  B  X  O  B  S  K  G  R  I  W
R  E  B  A  N  H  O  R  R  U  B  S  A  F  G  B
B  V  N  W  A  O  L  S  U  Ç  N  Ç  Q  V  B  B
U  J  C  D  I  O  M  B  C  M  O  P  U  P  V  O
```

ABELHA	CORVO
AGRICULTURA	ÁGUA
BURRO	FERTILIZANTE
BISÃO	FENO
CAMPO	MEL
GATO	FRANGO
CAVALO	ARROZ
CABRA	REBANHO
CÃO	VACA
CERCA	BEZERRO

67 - Antarctique

```
T  C  I  J  O  O  S  O  H  C  O  R  N  Q  E  P
E  I  G  L  A  Ã  B  I  R  A  Á  G  U  A  X  E
M  E  E  G  H  Ç  B  A  P  B  A  Í  A  M  P  N
P  N  O  E  R  A  K  W  L  H  T  W  W  F  E  Í
E  T  G  L  U  V  S  S  C  E  G  E  L  O  D  N
R  Í  R  E  N  R  G  K  C  Q  I  A  H  Q  I  S
A  F  A  I  O  E  I  P  Z  L  H  A  J  M  Ç  U
T  I  F  R  E  S  B  G  I  A  R  Q  S  B  Ã  L
U  C  I  A  L  N  V  X  B  W  O  M  Q  J  O  A
R  O  A  S  R  O  D  A  G  I  T  S  E  V  N  I
A  N  T  F  K  C  A  M  B  I  E  N  T  E  F  E
M  I  G  R  A  Ç  Ã  O  M  I  N  E  R  A  I  S
C  O  N  T  I  N  E  N  T  E  O  O  Y  K  E  I
P  Á  S  S  A  R  O  S  C  L  A  Ç  H  U  K  I
T  O  P  O  G  R  A  F  I  A  L  E  K  U  I  X
F  C  X  K  Y  X  L  V  G  X  P  R  H  E  U
```

BAÍA
BALEIAS
INVESTIGADOR
CONSERVAÇÃO
CONTINENTE
ÁGUA
AMBIENTE
EXPEDIÇÃO
GEOGRAFIA
GELO

GELEIRAS
ILHAS
MIGRAÇÃO
MINERAIS
PÁSSAROS
PENÍNSULA
ROCHOSO
CIENTÍFICO
TEMPERATURA
TOPOGRAFIA

68 - Professions #2

```
B  I  F  C  E  A  A  V  W  M  K  P  V  L  Z  B
I  L  V  I  G  T  T  K  Z  V  R  I  B  I  T  I
Ó  U  I  R  Z  S  U  F  E  G  R  N  U  N  F  B
L  S  I  U  K  I  A  H  V  R  O  T  G  G  I  L
O  T  Y  R  C  L  N  O  I  Y  D  O  M  U  L  I
G  R  I  G  R  A  O  V  T  Q  A  R  E  I  Ó  O
O  A  Ç  I  Q  N  R  Q  E  B  G  T  Ç  S  S  T
R  D  O  Ã  S  R  T  B  T  N  I  U  T  T  O  E
H  O  F  O  B  O  S  I  E  R  T  N  I  A  F  C
B  R  A  I  V  J  A  H  D  C  S  O  Ç  T  O  Á
J  A  R  D  I  N  E  I  R  O  E  T  R  S  C  R
L  O  G  O  L  Ó  O  Z  Z  K  V  O  Q  I  I  I
M  D  Ó  N  Q  C  M  E  P  E  N  L  C  T  D  O
Q  U  T  I  P  J  V  W  O  K  I  I  V  N  É  D
Y  R  O  S  S  E  F  O  R  P  H  P  E  E  M  M
P  U  F  E  N  G  E  N  H  E  I  R  O  D  J  M
```

ASTRONAUTA
BIBLIOTECÁRIO
BIÓLOGO
INVESTIGADOR
CIRURGIÃO
DENTISTA
DETETIVE
PROFESSOR
ILUSTRADOR
ENGENHEIRO

INVENTOR
JARDINEIRO
JORNALISTA
LINGUISTA
MÉDICO
PINTOR
FILÓSOFO
FOTÓGRAFO
PILOTO
ZOÓLOGO

69 - Les Abeilles

```
S  E  Y  B  E  N  É  F  I  C  O  T  E  S  N  I
O  H  T  S  O  W  G  Y  P  O  P  U  Q  P  I  F
L  F  B  P  K  O  P  V  Y  L  I  H  I  X  N  Z
A  H  T  K  E  X  V  E  P  F  A  R  E  C  T  F
Y  X  A  T  U  R  F  M  W  E  E  N  E  L  Ó  P
J  Q  S  B  O  P  Ç  T  X  Q  B  Z  T  Y  Q  M
A  I  A  M  E  T  S  I  S  S  O  C  E  A  M  P
R  N  S  F  L  O  R  E  S  H  Z  W  M  V  S  R
D  P  H  S  S  S  Q  H  N  N  Z  E  L  E  Q  A
I  H  W  E  D  A  D  I  S  R  E  V  I  D  L  I
M  A  Ç  N  M  I  F  Z  D  A  F  V  N  K  R  N
C  B  R  X  L  E  K  L  Ç  Z  U  R  H  C  M  H
I  I  J  A  E  M  B  X  O  K  M  D  D  S  Ç  A
Y  T  X  M  R  L  O  E  F  R  A  A  Z  L  H  X
X  A  N  E  E  O  P  I  I  K  Ç  V  H  W  T  K
D  T  X  N  P  C  L  Q  E  B  A  K  X  L  L  L
```

ASAS	HABITAT
BENÉFICO	INSETO
CERA	JARDIM
DIVERSIDADE	MEL
ENXAME	PLANTAS
ECOSSISTEMA	PÓLEN
FLOR	RAINHA
FLORES	COLMEIA
FRUTA	SOL
FUMAÇA	

70 - Santé et Bien Être #2

```
X  O  G  B  G  U  L  P  N  Ç  J  Q  L  D  J  G
Ç  W  Y  D  S  L  O  E  U  G  N  A  S  B  O  E
R  F  O  R  E  W  G  I  T  K  F  S  S  L  Ã  N
P  D  P  Y  S  N  Q  U  R  U  X  A  E  Q  Ç  É
Y  J  U  C  S  A  S  A  I  M  O  T  A  N  A  T
H  I  G  I  E  N  E  I  Ç  A  Ã  L  I  C  R  I
C  S  K  K  R  Q  R  G  Ã  P  Ç  D  R  O  E  C
H  X  B  C  T  J  X  R  O  E  C  P  O  R  P  A
M  O  K  U  S  M  P  E  J  T  E  A  L  P  U  X
A  A  S  Z  E  U  Z  N  A  I  F  A  A  O  C  O
L  S  S  P  S  L  P  E  Q  T  N  Ç  C  B  E  K
E  E  I  S  I  P  W  N  E  E  I  N  L  S  R  E
R  O  Ã  Ç  A  T  A  R  D  I  S  E  D  T  Q  Ç
G  C  E  Q  K  G  A  M  P  O  H  O  P  E  S  O
I  Y  U  F  Ç  Q  E  L  E  V  Á  D  U  A  S  W
A  S  P  W  Z  Ç  Y  M  V  I  T  A  M  I  N  A
```

ALERGIA	INFECÇÃO
ANATOMIA	DOENÇA
APETITE	MASSAGEM
CALORIA	NUTRIÇÃO
CORPO	PESO
DESIDRATAÇÃO	RECUPERAÇÃO
ENERGIA	SAUDÁVEL
GENÉTICA	SANGUE
HOSPITAL	ESTRESSE
HIGIENE	VITAMINA

71 - Conduite

```
E S A Ç M U F J N Ç O Z W P L M
T S B L A I C Í L O P I Ç M E O
N O T J P T T Z G O R Z G Y V T
E I Ç R A Z X L Z Á X I T E Í O
D E D O A E T R O P S N A R T C
I R Z T Ç D S M R N X Y I T S I
C F E O N I A E R I O K J S U C
A Z S M E P G P A T Ç L I E B L
U D J B C A V A C X T S T D M E
Z Q O G I R E P R X M H F E O T
S C W X L T Y Ç D A N M H P C A
R B M D E H M H K L G Ç Y L C A
W S V Ç N C J Z K W Y E T V U R
V E Y E Ú T R Á F E G O M S L N
C M Q A T S E G U R A N Ç A J D
C A M I N H Ã O P D M J X Z F V
```

ACIDENTE	MOTOCICLETA
CAMINHÃO	PEDESTRE
COMBUSTÍVEL	POLÍCIA
MAPA	ESTRADA
PERIGO	SEGURANÇA
FREIOS	TRÁFEGO
GARAGEM	TRANSPORTE
GÁS	TÚNEL
LICENÇA	RAPIDEZ
MOTOR	CARRO

72 - Plantes

```
P  B  V  Z  W  R  X  Q  C  J  C  Ç  K  N  J  F
A  F  A  C  I  N  Â  T  O  B  M  H  G  Q  A  E
R  M  G  M  E  G  A  H  L  O  F  A  E  Ç  R  R
F  J  Q  I  B  Q  N  C  T  Ç  E  L  D  P  D  T
E  R  O  T  S  U  B  R  A  R  E  H  Y  V  I  I
I  Y  X  Q  E  W  S  K  F  J  U  H  Q  Y  M  L
J  R  E  U  V  L  O  Q  L  W  X  O  C  Y  I
Ã  L  L  Z  V  J  J  Y  C  H  O  T  C  A  C  Z
O  F  L  I  L  F  X  M  K  G  P  R  N  E  R  A
B  A  G  A  M  L  M  G  P  X  U  T  A  B  E  N
F  L  O  R  A  U  F  L  O  R  E  S  T  A  S  T
V  E  D  R  H  C  S  L  I  B  R  A  V  V  C  E
H  H  P  Z  U  K  Y  G  P  D  O  R  C  R  E  G
R  D  X  Z  B  D  N  B  O  S  V  V  E  E  R  S
V  E  G  E  T  A  Ç  Ã  O  S  R  M  T  V  J  B
P  É  T  A  L  A  Q  X  M  E  Á  J  X  Y  K  J
```

ÁRVORE	FLORESTA
BAGA	CRESCER
BAMBU	FEIJÃO
BOTÂNICA	ERVA
ARBUSTO	JARDIM
CACTO	HERA
FERTILIZANTE	MUSGO
FOLHAGEM	PÉTALA
FLOR	RAIZ
FLORA	VEGETAÇÃO

73 - Ferme #2

```
F  A  A  J  O  M  R  U  F  Q  W  A  V  A  X  C
R  G  J  K  V  A  W  Ç  L  F  S  N  L  M  E  C
U  R  G  H  E  D  V  C  B  I  Y  I  Ç  L  H  P
T  I  J  U  L  U  X  X  S  H  W  M  S  H  Z  V
A  C  R  Z  H  R  O  T  S  A  P  A  Ç  A  L  G
L  U  T  C  A  O  T  D  F  C  P  I  J  M  K  X
K  L  X  C  G  Ç  A  T  X  D  O  S  S  A  V  K
Y  T  E  I  E  Z  P  K  V  G  W  L  G  I  B  W
D  O  Z  G  N  V  A  U  P  W  Y  Y  M  F  O  A
B  R  F  O  Ã  Ç  A  G  I  R  R  I  T  E  R  R
Ç  A  Q  R  Y  W  J  D  T  P  R  A  D  O  I  S
L  M  O  I  N  R  O  T  A  R  T  O  P  H  E  A
T  O  D  E  T  I  E  L  O  Y  I  Q  K  L  D  A
G  P  W  L  Q  Z  X  R  C  C  K  G  A  I  R  L
T  B  E  E  V  E  G  E  T  A  L  T  O  M  O  E
R  F  I  C  K  N  G  C  E  A  H  R  C  U  C  G
```

CORDEIRO	LHAMA
AGRICULTOR	VEGETAL
ANIMAIS	MILHO
PASTOR	OVELHA
TRIGO	MADURO
PATO	CEVADA
FRUTA	PRADO
CELEIRO	COLMEIA
IRRIGAÇÃO	TRATOR
LEITE	POMAR

74 - Vacances #2

```
U  R  I  O  T  T  V  O  T  R  O  P  O  R  E  A
L  B  L  T  R  E  I  D  M  Q  N  G  R  G  F  P
A  Z  H  Z  A  N  A  A  N  S  I  Q  I  A  L  A
Z  M  A  B  N  D  G  I  X  Á  T  P  E  A  I  M
E  W  A  H  S  A  E  R  A  P  S  A  G  C  W  A
R  N  Q  R  P  N  M  E  A  J  E  S  N  A  A  P
G  N  Y  C  O  C  N  F  Q  A  D  S  A  M  Z  E
E  T  N  A  R  U  A  T  S  E  R  A  R  P  O  K
D  H  F  W  T  H  O  T  E  L  J  P  T  A  T  V
W  F  P  O  E  Y  M  I  Z  K  X  O  S  M  I  Ç
Ç  T  Z  T  T  B  P  Y  O  U  L  R  E  E  I  D
Y  R  V  S  Z  O  M  T  V  M  R  T  M  N  M  W
Z  M  Y  I  H  T  S  W  S  P  J  E  X  T  S  E
D  Z  V  V  R  E  S  E  R  V  A  S  Q  O  H  S
Q  G  A  U  X  W  B  J  B  H  X  S  H  E  E  D
A  J  P  P  P  X  K  X  G  D  Q  K  S  J  K  M
```

AEROPORTO	FOTOS
ACAMPAMENTO	PRAIA
MAPA	RESTAURANTE
DESTINO	RESERVAS
ESTRANGEIRO	TÁXI
HOTEL	TENDA
ILHA	TRANSPORTE
LAZER	FERIADO
MAR	VISTO
PASSAPORTE	VIAGEM

75 - Éthique

```
R  R  S  A  B  E  D  O  R  I  A  F  T  A  C  R
S  E  A  U  H  H  L  E  F  R  O  I  O  L  O  E
F  D  A  Z  O  Q  D  G  L  B  W  L  L  T  O  S
K  A  D  L  O  G  H  W  J  G  E  O  E  R  P  P
Ç  D  Q  Q  I  Á  S  J  U  F  B  S  R  U  E  E
I  N  Q  A  J  S  V  F  Q  R  M  O  Â  Í  R  I
B  O  O  Z  U  P  M  E  Q  D  Z  F  N  S  A  T
Q  B  C  X  O  N  D  O  L  G  D  I  C  M  Ç  O
H  O  N  E  S  T  I  D  A  D  E  A  I  O  Ã  S
P  A  C  I  Ê  N  C  I  A  T  R  Y  A  P  O  O
D  I  G  N  I  D  A  D  E  V  A  L  O  R  E  S
D  I  P  L  O  M  Á  T  I  C  O  W  Q  X  A  G
O  T  I  M  I  S  M  O  Ã  X  I  A  P  M  O  C
I  N  T  E  G  R  I  D  A  D  E  A  T  U  L  C
R  A  C  I  O  N  A  L  I  D  A  D  E  D  I  U
N  B  S  Q  B  E  N  E  V  O  L  E  N  T  E  Q
```

ALTRUÍSMO
BENEVOLENTE
COMPAIXÃO
COOPERAÇÃO
DIGNIDADE
DIPLOMÁTICO
BONDADE
HONESTIDADE
INTEGRIDADE
OTIMISMO

PACIÊNCIA
FILOSOFIA
RAZOÁVEL
RACIONALIDADE
RESPEITOSO
REALISMO
SABEDORIA
TOLERÂNCIA
VALORES

76 - Temps

```
P Q Y Q Ç Y U Z Y A D A C É D A
R K Z C M Ç Ç U H N D T J D U K
N J D I A X Y N M T E X K E D H
H O U F U T U R O E V E R B M E
O Z I A W I P M A S V D K N E A
R Q C T V Z M A U N W G K U T U
A C W W E E Ê N U P U U X G N A
L I H X X Z S H F I F A A N O R
A G O R A A Y Ã D X G J L K T F
C J Ç W O I G Ó L E R P M R U W
C A L E N D Á R I O P Ç X I N U
N Y R O N O L U C É S O P S I F
G P Q T D I S E P U R P I N M M
Y T V P U E Z E H U P A J S T F
F A G L M M T D D K Z L F X T V
E T L F S E M A N A R N W M T G
```

ANO
ANUAL
DEPOIS
ANTES
EM BREVE
CALENDÁRIO
DÉCADA
FUTURO
HORA
ONTEM

RELÓGIO
DIA
AGORA
MANHÃ
MEIO-DIA
MINUTO
MÊS
NOITE
SEMANA
SÉCULO

77 - Immigration

```
M  S  O  Ã  Ç  A  R  T  S  I  N  I  M  D  A  J
F  R  A  J  H  D  Ç  I  O  S  S  E  C  O  R  P
O  U  O  Ç  G  U  R  R  L  A  O  W  Q  Ã  F  E
Ã  L  S  Y  N  J  I  A  U  R  T  Y  U  Ç  I  S
Ç  Ç  I  C  Z  A  O  C  Ç  I  L  M  D  A  N  T
A  G  T  F  L  Y  I  Y  Ã  E  U  Z  O  T  A  R
I  A  U  G  N  Í  L  R  O  T  D  O  C  I  N  E
C  L  A  I  C  I  F  O  C  N  A  Ã  U  B  C  S
O  Ã  Ç  A  C  I  N  U  M  O  C  Ç  M  A  I  S
G  V  Ã  Y  N  L  Q  S  J  R  I  A  E  H  A  E
E  H  O  Z  T  B  Y  P  D  F  M  V  N  N  M  D
N  H  G  Q  P  R  O  T  E  Ç  Ã  O  T  P  E  X
P  R  A  Z  O  P  T  A  N  N  W  R  O  P  N  C
R  H  L  F  P  W  Ç  Y  I  J  R  P  S  W  T  T
X  E  E  Q  R  K  V  P  R  P  P  A  N  B  O  X
E  T  I  R  Q  E  C  E  N  L  H  D  E  Y  C  X
```

ADMINISTRAÇÃO	LÍNGUA
ADULTOS	HABITAÇÃO
AJUDA	LEI
APROVAÇÃO	NEGOCIAÇÃO
COMUNICAÇÃO	OFICIAL
PRAZO	PROCESSO
DOCUMENTOS	PROTEÇÃO
CRIANÇAS	SITUAÇÃO
FINANCIAMENTO	SOLUÇÃO
FRONTEIRAS	ESTRESSE

78 - Maison

```
B V S A N I T R O C C N C E L B
I A X Ó M K D T J X A X H S Z V
B S R X T P U P A U Z T A P Y G
L S B P P Ã F A C P M Z V E I Q
I O Ã R O P O R R J E O E L J I
O U J D E X I E E O G T S H H J
T R V X H H O D C L A T E O T A
E A L E N A J E R A R J E K H R
C Ç O U P H M U G R A Ç L T Ç D
A C D T Z C G C J E G J M G O I
Q U A R T O S H P I T K D K E M
K M H N V D C T O R I E V U H C
Z M L L M L J M G A H N I Z O C
Q O E I V R T D Ç Q P N I B O M
U I T F R J E D V Q R D K K I M
B A C A R H Q T S D F P O R T A
```

VASSOURA	SÓTÃO
BIBLIOTECA	JARDIM
QUARTO	ESPELHO
LAREIRA	PAREDE
CHAVES	TETO
CERCA	PORTA
COZINHA	CORTINAS
CHUVEIRO	PORÃO
JANELA	TAPETE
GARAGEM	TELHADO

79 - Légumes

```
S G E N G I B R E U T A F Y H C
U A J S I L O C Ó R B L P R P H
B G L F K H V Z P A Q H J L Q A
P E A S A O X O X B P O Q X E L
E Q R O A V I L O A D A L A S O
P F U I E G A X X N A I P O P T
I M O C N S T W Z E L Y M L I A
N X N N I G S K Y T O N W E N R
O D E F Z Z E N K E B G Q M A O
O A C U S S K L A B E J P U F B
G H T O M A T E A B C N Q G R Ó
A L C A C H O F R A O A H O E B
T I R K N O Ç G R C P B W C A A
Q V T Q N I Q Z N V P N V T R E
A R L E T K U B U X N M R A R D
R E U H W Y Ç R M C A N P W V G
```

ALHO
ALCACHOFRA
BERINGELA
BRÓCOLIS
CENOURA
AIPO
COGUMELO
ABÓBORA
PEPINO
CHALOTA

ESPINAFRE
GENGIBRE
NABO
CEBOLA
OLIVA
SALSA
ERVILHA
RABANETE
SALADA
TOMATE

80 - Famille

```
T I A P Ç Ç P O A Ç N A I R C V
D K E O C I R M Ã O Y H O A V U
M Y W H Y A T G A I C N Â F N I
M T A U C P N R R T Y I E B Y B
A G G F W Q G I R M Ã R Q N P Q
R I W Q Y F V O I N J B M O W R
I P H W B Ç F R A V R O E D S I
D S I A T I U E S P O S A A P C
O D W B N N Z P J I N Ç O S S R
U D L C Y X O J Q Q R Y L S Z I
L Z G P P T M Ç J J E M M A O A
B S L B R L A Ó B K T H Ã P T N
H B A H L I F V K T A B T E M Ç
U D R P K N M A Ô Z P W A T Z A
M A T E R N O O M A E W Y N V S
S O B R I N H O W T R L P A S I
```

ANTEPASSADO	MARIDO
PRIMO	MATERNO
INFÂNCIA	MÃE
CRIANÇA	SOBRINHO
CRIANÇAS	SOBRINHA
ESPOSA	TIO
FILHA	PATERNO
IRMÃO	PAI
AVÓ	IRMÃ
AVÔ	TIA

81 - Oiseaux

```
O  P  N  I  Z  Y  I  N  J  Z  G  I  Q  H  Z  A
J  A  Ç  R  A  G  L  Ç  Ç  X  Ç  X  J  Q  W  Z
H  P  P  E  L  I  C  A  N  O  V  O  Ã  V  A  P
Y  A  C  C  A  J  K  B  I  Q  J  B  I  C  N  L
T  G  M  U  E  Q  T  M  Z  U  R  T  S  E  V  A
U  A  G  U  C  G  X  O  Q  O  G  A  B  N  R  D
C  I  O  Q  W  O  O  P  Ç  A  L  Á  J  S  J  R
A  O  F  E  F  T  P  N  L  O  S  I  Z  I  C  A
N  V  M  B  G  A  F  E  H  D  G  L  D  C  X  P
O  R  Y  Z  Ç  P  W  B  C  A  F  R  A  N  G  O
G  O  V  Z  M  I  U  G  N  I  P  O  M  B  O  L
Q  C  G  A  I  V  O  T  A  I  C  Ç  L  D  Ç  S
G  C  D  Z  E  D  U  A  B  G  H  U  Q  J  P  X
J  T  U  Q  Ç  E  X  G  A  N  S  O  O  R  C  N
D  G  I  P  T  Z  I  B  K  G  P  Ç  P  D  X  R
Y  Ç  K  J  P  X  L  W  O  L  G  T  O  L  F  M
```

ÁGUIA	PARDAL
AVESTRUZ	GAIVOTA
PATO	OVO
CEGONHA	GANSO
POMBA	PAVÃO
CORVO	PAPAGAIO
CUCO	PELICANO
CISNE	POMBO
GARÇA	FRANGO
PINGUIM	TUCANO

82 - Disciplines Scientifiques

```
L  A  I  G  O  L  O  I  B  A  M  A  F  B  A  E
A  I  G  O  L  A  R  E  N  I  M  R  I  O  N  Q
C  G  N  G  B  H  D  F  K  G  J  Q  S  T  A  U
I  O  W  G  E  P  R  P  E  O  M  U  I  Â  T  Í
M  L  J  A  U  O  Y  Y  A  L  J  E  O  N  O  M
Â  O  U  I  F  Í  L  H  I  O  C  O  L  I  M  I
N  R  Q  G  J  A  S  O  Q  O  C  L  O  C  I  C
I  O  R  O  W  I  J  T  G  Z  D  O  G  A  A  A
D  E  I  L  I  G  Z  P  I  I  D  G  I  V  F  C
O  T  Q  O  Ç  O  D  R  R  C  A  I  A  D  H  L
M  E  E  C  O  L  O  G  I  A  A  A  E  A  I  L
R  M  A  I  Ç  O  N  E  U  R  O  L  O  G  I  A
E  W  G  S  A  I  G  O  L  O  N  U  M  I  V  G
T  X  J  P  A  C  I  M  Í  U  Q  O  I  B  Q  Z
D  A  U  M  C  O  A  S  T  R  O  N  O  M  I  A
I  J  C  B  B  S  M  E  C  Â  N  I  C  A  C  P
```

ANATOMIA	LINGUÍSTICA
ARQUEOLOGIA	MECÂNICA
ASTRONOMIA	METEOROLOGIA
BIOQUÍMICA	MINERALOGIA
BIOLOGIA	NEUROLOGIA
BOTÂNICA	FISIOLOGIA
QUÍMICA	PSICOLOGIA
ECOLOGIA	SOCIOLOGIA
GEOLOGIA	TERMODINÂMICA
IMUNOLOGIA	ZOOLOGIA

83 - Maladie

```
T E R A P I A F T J T A C L A A
Ç Y A I T A P O R U E N O O Z L
L S X B O R J E F A F Q R M V E
B E D A D I N U M I C L P B U R
P H Q I U T R S O H A O O A U G
U E T Y G K R Ó X O D M S R Q I
L R T W A C O N T A G I O S O A
M E D Ú A S C N F A L E P S P S
O D S S R X I X V P R U K K L V
N I N Z F L T X W A C I N Ô R C
A T A X X J É L P C F S P O I G
R Á B C L A N I M O D B A S Q P
L R E H E V E C O R A Ç Ã O E M
Ç I Z E N I G F Z C G M Z S P R
M O I N F L A M A Ç Ã O F S S Y
S Í N D R O M E T V S A G O K G
```

ABDOMINAL
AGUDO
ALERGIAS
CRÔNICA
CONTAGIOSO
CORPO
CORAÇÃO
FRACO
GENÉTICO
HEREDITÁRIO

IMUNIDADE
INFLAMAÇÃO
LOMBAR
NEUROPATIA
OSSOS
PULMONAR
RESPIRATÓRIO
SAÚDE
SÍNDROME
TERAPIA

84 - Univers

```
N Q C S V R C É U E Ç M Ó I L A
G A L Á X I A A K D I S R C A T
X M Ç I V Ç C C S U T A B C T M
P I X X Ç I E Ó H T L M I R I O
E Q U A D O R S E I E P T P T S
T R E V A S D M M G V R A V U F
T W Z Ç E G J I I N Í C Ó O D E
O E M B M K L C S O S O H I E R
E E L O B P G O F L I W R C D A
N H Y E E Q Z H É E V W G Í D E
G R G M S G Ç X R Q T M Ç T Q A
Z S T E K C L B I Ç Y C D S J H
L O N Z G G Ó N O P P X C L J K
X U N S F B D P B X K Ç P O G L
M R A E T N O Z I R O H F S H G
S O L A R D L O M O N Ô R T S A
```

ASTERÓIDE
ASTRÔNOMO
ATMOSFERA
CÉU
CÓSMICO
EQUADOR
GALÁXIA
HEMISFÉRIO
HORIZONTE

LATITUDE
LONGITUDE
LUA
TREVAS
ÓRBITA
SOLAR
SOLSTÍCIO
TELESCÓPIO
VISÍVEL

85 - Géographie

```
M G B B T G L F Y N A V E P Z N
A S Q C E M E A H N A T N O M O
P S P W R D E J T Ç A L I A E R
A X W H R U W R N I F Q B G H T
H Y Z O I A H L I P T P Q R E E
Y C S M T T O L O D N U M V M K
I V I B Ó L O Ç E F I F D J I O
I Ç L O R A M N T X Y A O E S E
J Q P E I S F M N E V T N V F S
X H Ç S O Ã I G E R D J Y O É T
O C E A N O M H N X A C V I R E
C W D X E X R A I G R S J R I W
X J A E D U T I T L A U Í B O F
P B D W U P O K N V I L J A P Q
R I I D E N N U O I M K T O P U
A S C N I G U G C F E K X Q P W
```

ALTITUDE
ATLAS
MAPA
CONTINENTE
RIO
HEMISFÉRIO
ILHA
LATITUDE
MAR
MERIDIANO

MUNDO
MONTANHA
NORTE
OCEANO
OESTE
PAÍS
REGIÃO
SUL
TERRITÓRIO
CIDADE

86 - Danse

```
C  Q  F  U  Q  O  A  L  Z  E  W  R  E  T  B  N
T  L  Q  H  A  A  Ç  R  D  D  C  I  X  R  V  R
U  R  Á  E  Q  D  A  P  T  C  U  T  P  A  O  N
E  L  S  S  C  G  R  D  G  E  L  M  R  D  Q  A
Q  G  E  Ç  S  F  G  W  Z  R  T  O  E  I  T  I
P  S  J  H  I  I  B  A  A  G  U  P  S  C  E  F
E  N  S  A  I  O  C  F  R  E  R  R  S  I  J  A
P  O  S  T  U  R  A  O  Q  L  A  O  I  O  U  R
T  C  C  M  B  Z  N  B  X  A  L  C  V  N  M  G
S  Ç  R  U  D  M  S  W  K  K  Ç  S  O  A  X  O
A  Q  X  Z  L  V  I  S  U  A  L  F  M  L  O  E
L  L  S  T  Q  T  U  A  A  D  S  Y  C  K  C  R
T  N  C  Ç  M  T  U  M  O  V  I  M  E  N  T  O
A  C  I  S  Ú  M  O  R  I  E  C  R  A  P  E  C
R  E  M  O  Ç  Ã  O  W  A  I  M  E  D  A  C  A
S  L  I  M  X  W  T  T  B  M  S  S  S  P  Q  P
```

ACADEMIA	ALEGRE
ARTE	MOVIMENTO
COREOGRAFIA	MÚSICA
CLÁSSICO	PARCEIRO
CORPO	POSTURA
CULTURA	ENSAIO
CULTURAL	RITMO
EXPRESSIVO	SALTAR
EMOÇÃO	TRADICIONAL
GRAÇA	VISUAL

87 - Bâtiments

```
B N O D U O R Z E S G T T E M O
S O T M K O C V Q V T Ç E S U B
C I N E M A L O C S E L A T S S
M R E G D P X U M L W I T Á E E
H Ó M A D A X I A B M E R D U R
O T A R H D D F Ç J V N O I H V
S A T A E N S I O Z W I V O G A
P R R G Q E I B S C L B G T H T
I O A L M T O M M R C A O O O Ó
T B P C A S T E L O E C S R T R
A A A C E L E I R O A V O R E I
L L Y I Y F I Q B J K X I E L O
F S U P E R M E R C A D O N T J
L L D O B F Á B R I C A O C U K
Ç B B L B M L C N U I D D O J K
O Ç A C M M H Q O U W B V Q J V
```

EMBAIXADA	LABORATÓRIO
APARTAMENTO	MUSEU
CABINE	OBSERVATÓRIO
CASTELO	ESTÁDIO
CINEMA	SUPERMERCADO
ESCOLA	TENDA
GARAGEM	TEATRO
CELEIRO	TORRE
HOSPITAL	UNIVERSIDADE
HOTEL	FÁBRICA

88 - Activités et Loisirs

```
M  J  B  L  M  O  W  O  U  M  V  X  Ç  O  O  P
H  A  H  O  Ã  Ç  A  T  A  N  G  I  H  I  P  A
L  R  K  B  X  X  J  F  D  Ç  B  L  A  N  Y  R
I  D  P  I  T  E  F  D  I  L  D  P  D  G  E  T
Y  I  Ç  E  S  P  H  Y  R  A  C  S  E  P  E  E
C  N  E  L  D  T  O  R  R  C  A  M  R  Y  R  M
W  A  T  O  Z  S  B  Q  O  A  R  U  T  N  I  P
T  G  W  V  N  M  B  U  C  M  E  P  H  V  E  E
L  E  P  L  Q  N  I  K  O  P  Ç  L  G  Ç  T  P
Z  M  O  K  Y  X  E  Q  T  A  G  O  L  F  E  P
C  O  Ç  X  P  V  S  T  V  M  C  B  G  F  U  T
B  E  I  S  E  B  O  L  K  E  J  E  A  B  Q  Ê
M  E  R  G  U  L  H  O  K  N  Z  T  B  S  S  N
R  E  L  A  X  A  N  T  E  T  H  U  L  S  A  I
S  U  R  F  E  S  T  A  J  O  O  F  Ç  R  B  S
M  K  N  C  P  C  A  M  I  N  H  A  D  A  W  X
```

ARTE	HOBBIES
BEISEBOL	PINTURA
BASQUETE	PESCA
BOXE	MERGULHO
ACAMPAMENTO	CAMINHADA
CORRIDA	RELAXANTE
FUTEBOL	SURFE
GOLFE	TÊNIS
JARDINAGEM	VOLEIBOL
NATAÇÃO	VIAGEM

89 - Livres

```
U  Y  Y  U  R  O  E  S  P  E  L  N  P  D  T  K
O  I  R  Á  R  E  T  I  L  V  V  U  G  U  R  D
C  X  C  K  G  V  J  P  A  K  F  C  Y  A  Á  Z
I  O  Ã  Ç  E  L  O  C  P  A  X  K  H  L  G  Ç
R  N  N  A  U  T  O  R  O  T  I  E  L  I  I  H
Ó  R  V  T  V  H  P  Z  H  S  R  D  H  D  C  B
T  E  E  E  C  N  A  M  O  R  W  M  A  O  I
S  L  W  X  N  X  X  O  B  D  C  H  D  D  R  V
I  E  O  C  F  T  T  T  C  A  A  I  S  E  O  P
H  V  X  A  P  V  I  O  D  R  R  S  P  L  D  C
K  A  T  D  W  M  K  V  G  O  U  T  V  É  A  D
O  N  I  J  P  U  J  R  O  M  T  Ó  E  A  R  J
B  T  N  S  U  R  S  G  R  U  N  R  U  R  R  Q
Ç  E  Z  U  Z  N  T  F  Q  H  E  I  S  R  A  E
P  Á  G  I  N  A  M  E  O  P  V  A  T  Y  N  A
S  É  R  I  E  V  D  F  Ç  E  A  G  I  V  G  H
```

AUTOR
AVENTURA
COLEÇÃO
CONTEXTO
DUALIDADE
ÉPICO
HISTÓRIA
HISTÓRICO
HUMORADO
INVENTIVO

LEITOR
LITERÁRIO
NARRADOR
PÁGINA
RELEVANTE
POEMA
POESIA
ROMANCE
SÉRIE
TRÁGICO

90 - Pays #2

```
P  J  Q  D  N  H  N  F  R  P  C  T  N  H  I  S
E  A  C  I  A  M  A  J  Ú  H  F  X  Q  L  R  O
R  I  Q  L  J  N  E  I  S  Y  A  A  M  D  L  M
Y  N  G  U  S  Z  A  L  S  K  Ç  I  W  L  A  Á
C  Ê  T  F  I  I  B  A  I  H  N  N  T  V  N  L
H  U  N  O  W  S  W  J  A  H  A  Â  O  I  D  I
I  Q  H  L  F  O  T  C  H  E  R  B  O  X  A  A
N  E  T  L  N  A  D  Ã  X  S  F  L  T  Q  I  D
A  Z  P  P  U  L  V  N  O  Ã  P  A  J  G  S  N
R  S  W  E  B  Z  I  O  N  G  P  C  W  C  É  A
M  C  Í  M  U  T  M  S  A  A  N  H  Ç  N  N  G
S  X  N  R  A  E  M  N  B  H  S  V  D  X  O  U
U  U  Y  S  I  I  V  Z  Í  Q  A  K  Q  P  D  F
D  H  R  G  C  A  L  J  L  P  C  X  R  B  N  T
Ã  U  C  R  Â  N  I  A  N  T  E  P  Y  J  I  O
O  C  I  X  É  M  I  D  I  N  A  M  A  R  C  A
```

ALBÂNIA	LAOS
CHINA	LÍBANO
DINAMARCA	MÉXICO
FRANÇA	UGANDA
HAITI	PAQUISTÃO
INDONÉSIA	RÚSSIA
IRLANDA	SOMÁLIA
JAMAICA	SUDÃO
JAPÃO	SÍRIA
QUÊNIA	UCRÂNIA

91 - Fournitures d'Art

```
C  A  U  G  Á  N  O  J  Ó  B  D  I  A  L  O  C
M  R  Q  Q  E  B  O  Y  W  L  Y  L  P  D  Z  G
E  E  I  U  S  A  V  O  C  S  E  M  A  M  G  P
S  M  Y  A  A  H  R  O  D  D  C  O  G  B  Z  A
A  Â  M  L  T  R  B  V  I  X  R  D  A  U  Z  S
C  C  H  I  N  I  E  L  Á  P  I  S  D  K  U  T
X  C  T  G  I  T  V  L  S  T  Q  Ç  O  Q  L  E
Z  A  U  R  T  L  U  I  A  Y  E  Z  R  A  Q  L
C  A  V  A  L  E  T  E  D  S  T  I  N  T  A  S
A  Ç  J  J  Q  P  X  D  T  A  Y  K  K  A  H  E
Z  C  B  D  C  A  R  V  Ã  O  D  P  I  H  D  R
Y  E  R  N  R  P  I  I  U  E  S  E  A  E  F  O
C  A  D  E  I  R  A  A  C  R  Í  L  I  C  O  C
W  E  C  Z  E  C  N  A  Q  S  W  L  T  P  L  Q
B  Q  J  O  U  A  M  D  C  R  U  I  P  F  O  K
X  Q  F  A  G  L  V  Q  M  V  I  Z  Ç  W  O  F
```

ACRÍLICO	LÁPIS
AQUARELAS	CRIATIVIDADE
ARGILA	ÁGUA
ESCOVAS	TINTA
CÂMERA	APAGADOR
CADEIRA	ÓLEO
CARVÃO	PAPEL
CAVALETE	PASTELS
COLA	TINTAS
CORES	MESA

92 - Jazz

```
C  P  M  M  E  R  Q  O  T  X  A  W  M  C  F  H
O  O  V  O  N  I  C  A  N  Ç  Ã  O  Ú  O  A  J
L  R  M  L  T  T  S  G  Ç  L  N  V  S  M  V  K
O  E  Q  P  G  M  U  B  L  Á  H  F  I  P  O  G
S  N  E  U  O  O  F  A  M  O  S  O  C  O  R  I
P  Ê  S  H  E  S  N  P  Y  F  S  T  A  S  I  M
P  G  T  A  T  S  I  T  R  A  I  R  C  I  T  P
P  A  I  T  J  I  T  Ç  X  H  Z  E  I  T  O  R
V  E  L  Q  I  P  C  R  Ã  J  E  C  N  O  S  O
W  T  O  V  B  J  I  U  A  O  G  N  C  R  Ç  V
G  J  T  F  U  A  Ç  A  V  H  I  O  É  C  O  I
F  S  N  S  K  O  T  J  Ç  L  C  C  T  Ç  R  S
W  Ç  E  A  O  F  I  E  T  E  U  R  F  Y  J  A
O  J  L  Y  Ç  T  W  E  R  V  I  I  F  B  W  Ç
Ç  T  A  Z  Y  Z  J  T  Q  I  C  E  G  I  J  Ã
N  Y  T  O  K  O  Z  L  O  D  A  V  Y  K  Q  O
```

ÁLBUM	MÚSICA
ARTISTA	NOVO
FAMOSO	ORQUESTRA
CANÇÃO	RITMO
COMPOSITOR	SOLO
COMPOSIÇÃO	ESTILO
CONCERTO	TALENTO
FAVORITOS	BATERIA
GÊNERO	TÉCNICA
IMPROVISAÇÃO	VELHO

93 - Paysages

```
G R E B E C I E L Y N G X C V Y
T E L Z Z U C M S O V W B P N Ç
Z F L V A L E D I T J Y Z H W L
A W I E O X N Ç S Q U W Y K G C
H U N F I H W F Á L V Á I C U A
K P J R E R C R O P D A R Z X S
L A G O P A A P H B L T H I T C
G R W I E M H P Â O W T T B O A
E D X R N P L X W N L P K Z V T
Y N N R Í Ç I X I H T Z J G U A
S U L G N A J V X L U A B I L I
E T D W S P T M Ç G R K N H C A
R R U Z U M O N T A N H A O Ã R
F V M R L C O L I N A Y M S O P
O C F X A N R E V A C L R A C Z
Ç N E G C D E S E R T O F F A O
```

CASCATA	LAGO
COLINA	PÂNTANO
DESERTO	MAR
ESTUÁRIO	MONTANHA
RIO	OÁSIS
GEYSER	PENÍNSULA
GELEIRA	PRAIA
CAVERNA	TUNDRA
ICEBERG	VALE
ILHA	VULCÃO

94 - Pays #1

```
E R M B H L C A C B Z B F V R E
A Q G D Y Ç M S L S A A I E B S
I F U S V T G J E O N H N N I P
B B E A U G Á R A C I N L E V A
Í O A G D J X X R O T A Â Z Q N
L K E E A O Z A S R N M N U T H
A V A U Z N R G I R E E D E N A
P S M R O T I L P A G L I L V I
V S S O N H M S J M R A A A C N
H I H N E C Q A T J A B H Á A Ê
F I L I P I N A S Ã K R M M N M
L E S Z Ç R R M M S O A S A A O
Í N D I A I N Ô L O P S M N D R
U P J M Z Z N O B A F I L A Á O
A O Ç O L M Y G R F Y L I P L J
R A V W O A T I O P H Y E N E I
```

AFEGANISTÃO	LÍBIA
ALEMANHA	MALI
ARGENTINA	MARROCOS
BRASIL	NICARÁGUA
CANADÁ	NORUEGA
ESPANHA	PANAMÁ
EQUADOR	FILIPINAS
FINLÂNDIA	POLÔNIA
ÍNDIA	ROMÊNIA
ISRAEL	VENEZUELA

95 - Nombres

```
N  Q  Y  B  C  N  N  W  V  L  A  M  I  C  E  D
K  O  V  H  E  V  N  M  H  K  I  Q  P  C  T  E
E  K  V  Y  Y  I  J  D  P  W  Ç  N  O  R  E  Z
W  T  M  E  S  N  D  F  H  R  M  D  I  J  S  O
C  W  K  Z  J  T  P  F  K  D  P  O  N  Z  S  I
A  Q  W  E  A  E  Q  H  E  A  O  Y  G  G  E  T
C  S  Ê  R  T  J  K  X  V  C  T  I  Q  P  Z  O
H  S  S  T  J  V  D  G  Z  S  I  E  S  I  E  R
A  I  E  A  B  S  K  E  Y  J  O  N  O  E  D  T
M  E  T  Z  C  U  X  X  I  D  V  Y  C  Z  H  A
H  S  E  N  H  Ç  H  T  Y  U  F  S  Q  O  M  U
E  S  K  B  H  N  Ç  A  R  H  Z  E  Z  D  V  Q
D  E  Z  E  N  O  V  E  Q  D  S  B  Ç  Y  A  H
T  Z  R  H  Q  U  A  T  O  R  Z  E  N  N  W  W
D  E  Z  C  C  X  Q  U  I  N  Z  E  B  O  O  T
X  D  K  D  U  H  V  S  A  Y  D  Y  O  F  W  R
```

CINCO   QUATORZE
DOIS   QUATRO
DECIMAL   QUINZE
DEZ   DEZESSEIS
DEZOITO   SETE
DEZENOVE   SEIS
DEZESSETE   TREZE
DOZE   TRÊS
OITO   VINTE
NOVE   ZERO

96 - Psychologie

```
V  C  E  E  X  P  E  R  I  Ê  N  C  I  A  S  P
L  O  V  M  H  E  E  V  M  C  O  C  A  I  S  R
P  M  R  F  O  G  E  E  Q  L  P  O  V  C  U  O
E  P  C  B  O  Ç  R  T  R  Í  J  M  A  N  B  B
R  O  R  J  Ã  O  Õ  N  S  N  G  P  L  Â  C  L
S  R  E  S  Ç  M  L  E  S  I  F  R  I  F  O  E
O  T  A  O  A  R  V  I  S  C  W  O  A  N  N  M
N  A  L  T  S  I  O  C  E  O  H  M  Ç  I  S  A
A  M  I  N  N  I  C  S  I  J  Y  I  Ã  Ç  C  I
L  E  D  E  E  S  O  N  H  O  S  S  O  Z  I  P
I  N  A  M  S  W  Z  O  Ê  V  N  S  Ç  Q  E  A
D  T  D  A  Ç  T  G  C  Z  U  H  O  P  U  N  R
A  O  E  S  O  A  F  N  I  Ç  L  D  Z  V  T  E
D  L  X  N  A  N  A  I  E  I  X  F  C  H  E  T
E  Q  K  E  F  Z  Q  O  T  I  L  F  N  O  C  C
O  Ã  Ç  P  E  C  R  E  P  E  V  R  Y  I  Ç  D
```

CLÍNICO
COMPORTAMENTO
CONFLITO
EGO
INFÂNCIA
EXPERIÊNCIAS
EMOÇÕES
AVALIAÇÃO
INCONSCIENTE
INFLUÊNCIAS

PENSAMENTOS
PERCEPÇÃO
PERSONALIDADE
PROBLEMA
COMPROMISSO
REALIDADE
SONHOS
SENSAÇÃO
SUBCONSCIENTE
TERAPIA

97 - Nature

```
B T B J P G R R A H S A P S L O
O C I T R Á J I U E A N A E Y S
E R O S Ã O S O Z H H I C R S V
A N I N V M U E S H L M Í E E T
O Z R E K Ç T B L G E A F N D J
D H Á V O E P R F V B I I O H V
Q Q U U Y V H Ç O Q A S C H F X
Z S T N L W E S B P X G O Y G C
Y C N F L T W N J X I K E Ç E D
A N A F O L H A G E M C X M L I
A T S E R O L F C U A R A Q E N
Z J Y Z E G A F K V B P D L I Â
E C A N Q I T D E S E R T O R M
L C I X R R I N R B T T Z K A I
E D F L Q B V M U Q V Y E Y J C
B F Ç B P A E G R J W D V I U O
```

ABELHAS	RIO
ABRIGO	FLORESTA
ANIMAIS	GELEIRA
ÁRTICO	NUVENS
BELEZA	PACÍFICO
NEVOEIRO	SANTUÁRIO
DESERTO	SELVAGEM
DINÂMICO	SERENO
EROSÃO	TROPICAL
FOLHAGEM	VITAL

98 - Chimie

```
Á  Ç  V  B  Í  X  I  I  X  D  S  P  B  A  C  T
Z  C  L  Z  O  O  I  N  É  G  I  X  O  T  L  E
K  W  I  Y  B  N  N  M  G  P  A  O  E  Ó  O  M
I  J  E  D  H  I  Ç  B  N  P  T  L  C  M  R  P
E  N  F  R  O  L  A  C  U  Y  E  Í  A  I  O  E
P  L  G  N  E  A  E  K  F  D  M  Q  T  C  I  R
T  C  É  T  X  C  U  B  I  P  Y  U  A  O  N  A
L  W  O  T  V  L  G  K  U  E  W  I  L  R  Ê  T
M  N  K  S  R  A  Á  P  Z  K  O  D  I  G  G  U
P  H  H  T  A  O  S  E  P  Z  S  O  S  C  O  R
E  V  Q  S  E  R  N  W  Z  F  T  P  A  W  R  A
N  B  N  Q  L  N  W  V  M  F  H  R  D  E  D  S
Z  W  N  B  C  N  E  X  H  P  O  C  O  S  I  B
I  Q  X  B  U  Z  Ç  S  J  J  W  E  R  A  H  R
M  B  G  Ç  N  M  O  Ç  N  M  A  V  A  L  G  Y
A  L  U  C  É  L  O  M  C  A  R  B  O  N  O  D
```

ÁCIDO	HIDROGÊNIO
ALCALINO	ÍON
ATÓMICO	LÍQUIDO
CARBONO	METAIS
CATALISADOR	MOLÉCULA
CALOR	NUCLEAR
CLORO	OXIGÉNIO
ENZIMA	PESO
ELÉTRON	SAL
GÁS	TEMPERATURA

99 - Bateaux

```
R  V  I  G  E  S  O  U  U  M  T  Z  K  Y  A  O
C  I  S  C  I  K  S  H  V  O  P  F  É  M  D  C
I  O  Ç  G  L  L  T  B  V  T  Z  S  R  A  M  E
V  M  R  D  R  B  U  O  F  O  C  L  A  G  O  A
E  B  F  D  H  N  S  G  G  R  M  E  M  D  E  N
C  P  X  P  A  Á  C  A  N  O  A  P  T  T  N  O
R  Q  I  O  C  U  G  G  I  Q  P  K  C  R  I  O
H  V  B  O  R  T  S  A  M  C  N  I  J  I  L  R
B  Ó  I  A  I  I  J  A  N  G  A  D  A  P  R  I
R  K  A  R  O  C  E  S  Q  E  B  H  W  U  O  E
N  Y  Q  O  O  O  U  L  O  B  P  Ç  H  L  J  H
U  W  N  C  G  N  Q  A  E  Ç  G  I  O  A  Y  N
K  U  F  N  Q  G  A  B  T  V  Y  W  I  Ç  O  I
R  F  L  Â  Y  K  I  J  A  M  E  M  F  Ã  Y  R
K  Q  L  Y  U  S  A  I  I  N  Z  N  J  O  F  A
M  K  L  H  E  A  C  F  O  W  C  V  C  X  M  M
```

ÂNCORA	MARINHEIRO
BÓIA	MASTRO
CANOA	MAR
CORDA	MOTOR
TRIPULAÇÃO	NÁUTICO
BALSA	OCEANO
RIO	JANGADA
CAIAQUE	ONDAS
LAGO	VELEIRO
MARÉ	IATE

100 - Mesures

```
J  H  L  Q  Y  O  A  I  S  V  R  N  S  X  G  P
J  C  G  U  A  R  G  L  N  Ç  P  K  S  I  R  R
Z  M  E  I  X  T  W  B  T  B  P  Ç  X  K  A  O
K  Q  B  L  B  E  D  B  Ç  U  N  S  I  G  M  F
L  I  K  O  X  M  D  B  L  H  R  E  E  M  A  U
J  P  P  G  R  Í  R  Z  I  M  Z  A  B  K  S  N
S  J  Q  R  O  T  U  N  I  M  U  O  F  E  S  D
P  Z  B  A  J  N  I  A  Y  I  X  V  B  I  A  I
O  H  A  M  B  E  Ç  L  B  J  F  H  M  S  M  D
L  S  U  A  V  C  R  A  D  A  L  E  N  O  T  A
E  I  B  R  C  Z  W  M  P  E  S  O  Ç  T  T  D
G  E  M  U  L  O  V  I  B  Y  T  E  X  T  C  E
A  Y  N  G  G  R  C  C  J  E  Ç  P  B  Y  G  Z
D  A  I  R  O  T  N  E  M  I  R  P  M  O  C  Y
A  B  C  A  L  E  Q  D  C  L  S  R  Ç  E  F  R
Q  U  I  L  Ô  M  E  T  R  O  Q  H  X  T  Q  K
```

CENTÍMETRO	MASSA
GRAU	METRO
DECIMAL	MINUTO
GRAMA	BYTE
ALTURA	ONÇA
QUILOGRAMA	PESO
QUILÔMETRO	POLEGADA
LARGURA	PROFUNDIDADE
LITRO	TONELADA
COMPRIMENTO	VOLUME

1 - Adjectifs #2

2 - Force et Gravité

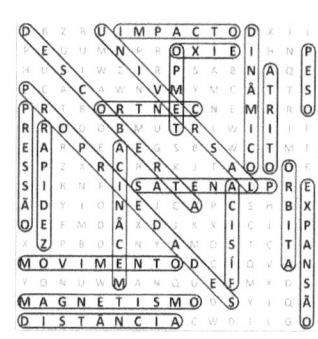

3 - Adjectifs #1

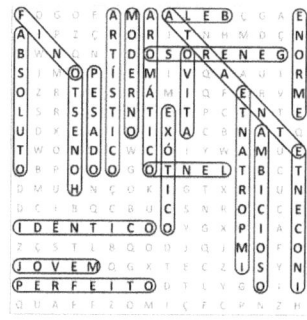

4 - Instruments de Musique

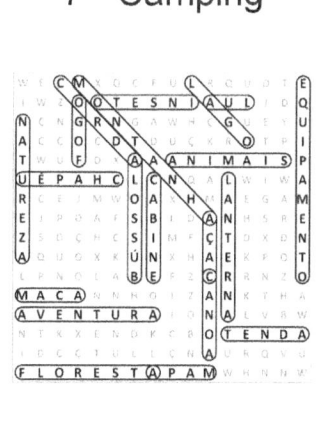

5 - Herboristerie

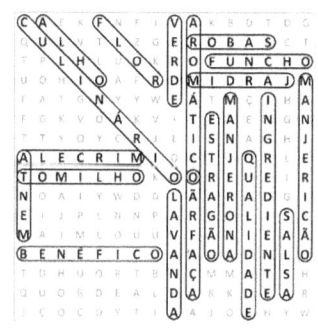

6 - Véhicules

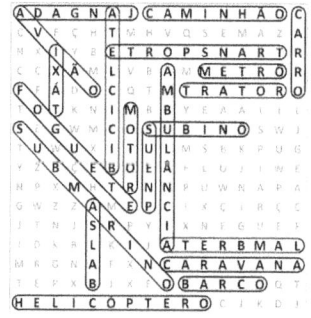

7 - Camping

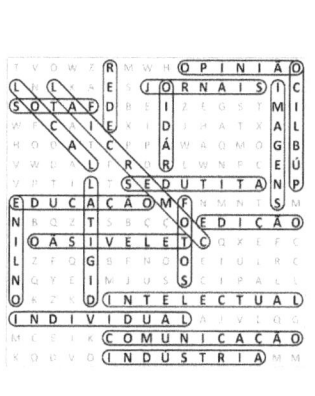

8 - Écologie

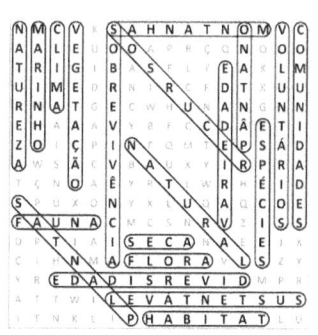

9 - Géométrie

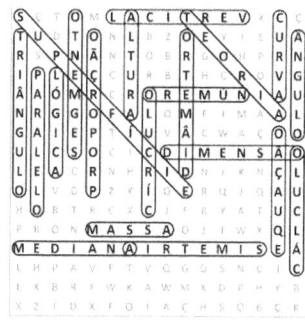

10 - Les Médias

11 - Philanthropie

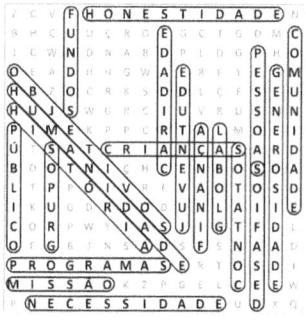

12 - Diplomatie

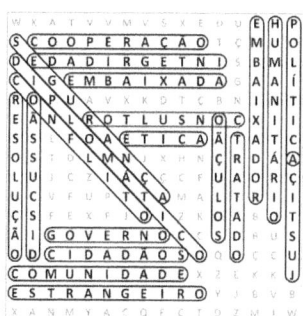

13 - Astronomie

14 - Physique

15 - Types de Cheveux

16 - Archéologie

17 - Mammifères

18 - Chocolat

19 - Mathématiques

20 - Sport

21 - Mythologie

22 - Restaurant #2

23 - Beauté

24 - Avions

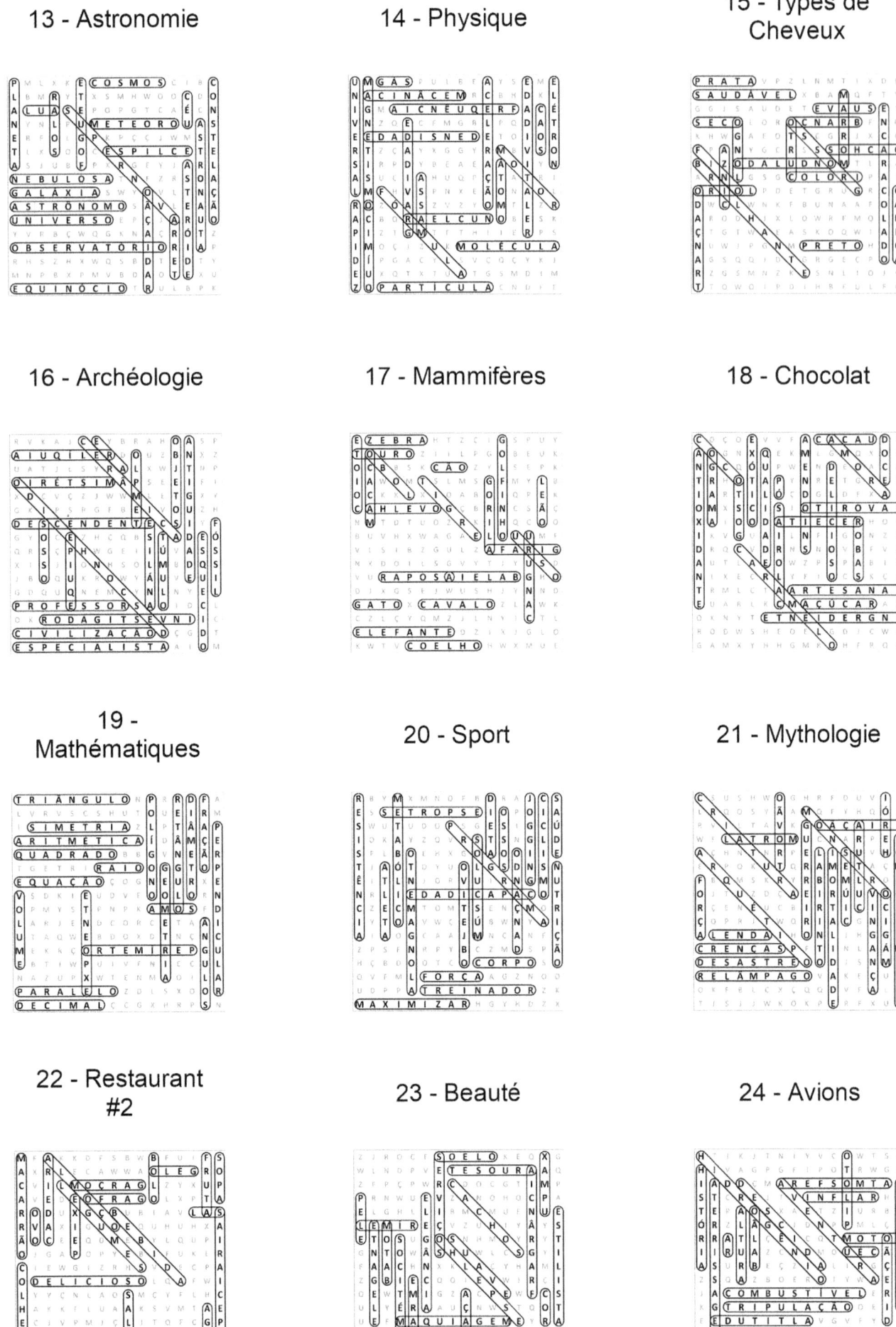

25 - Aventure

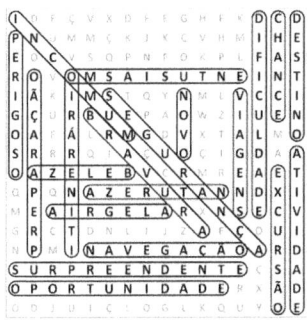

26 - Ville

27 - Ingénierie

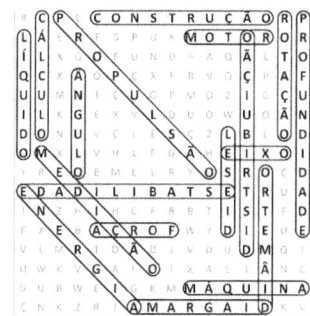

28 - Énergie

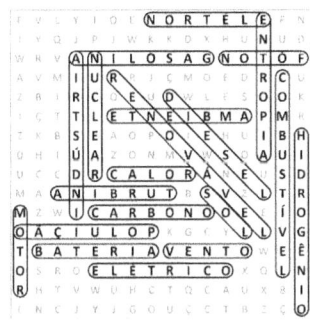

29 - Corps Humain

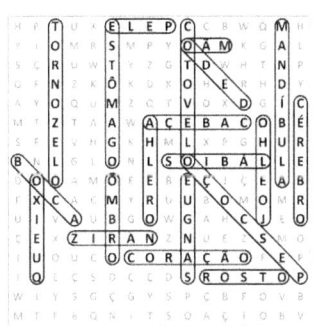

30 - Biologie

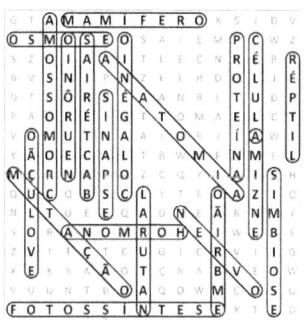

31 - Épices

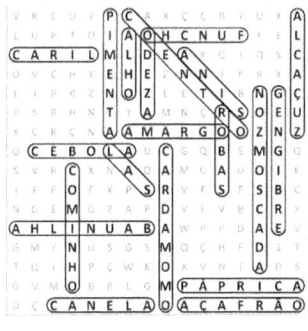

32 - Agronomie

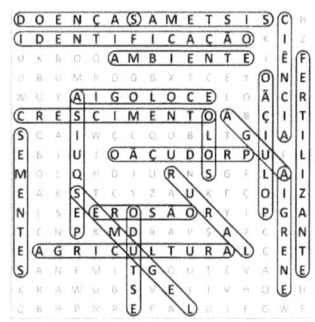

33 - Science

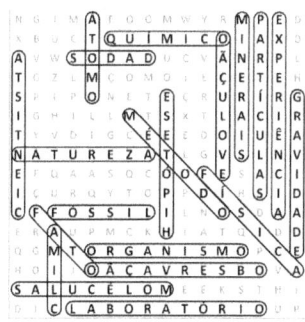

34 - Vêtements

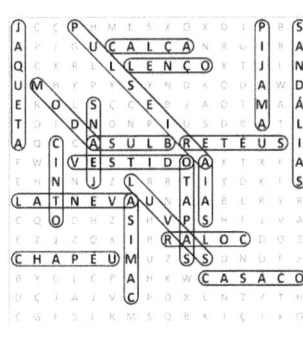

35 - Arts Visuels

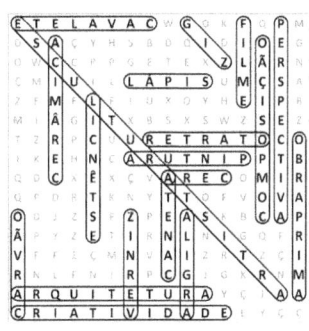

36 - Méditation

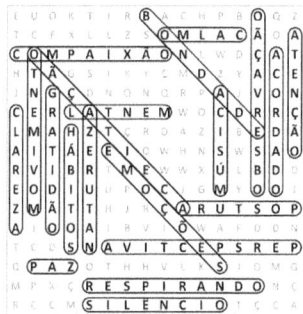

37 - Littérature

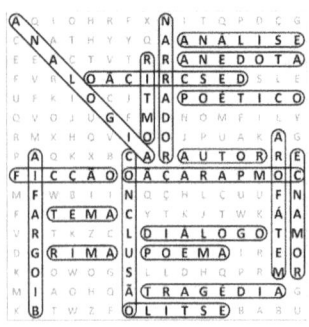

38 - Nourriture #1

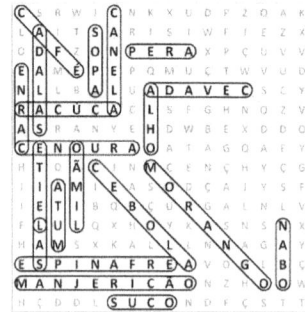

39 - Jours et Mois

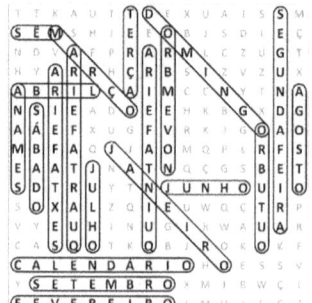

40 - Jardinage

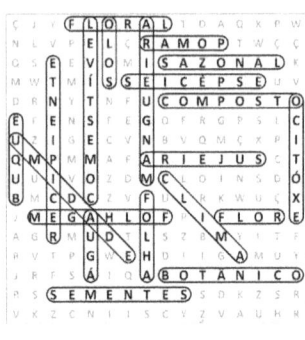

41 - Entreprise

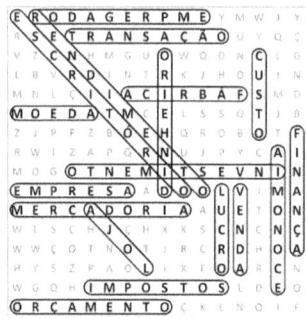

42 - Mode

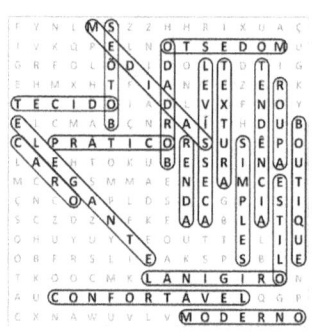

43 - Fleurs

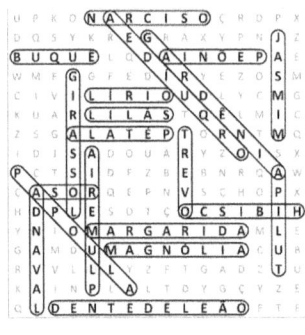

44 - Nourriture #2

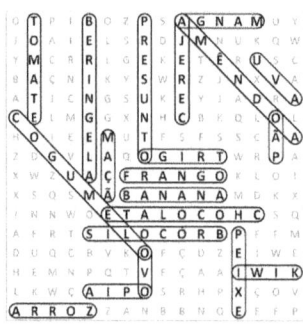

45 - Algèbre

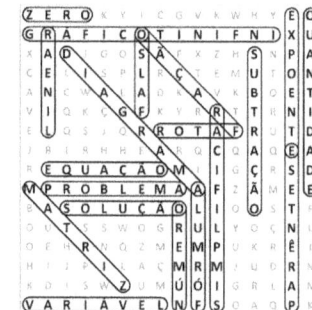

46 - Océan

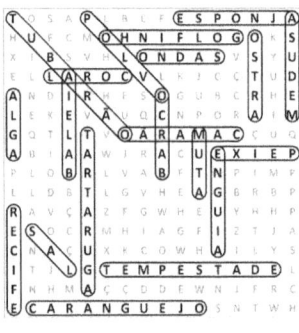

47 - Antiquités

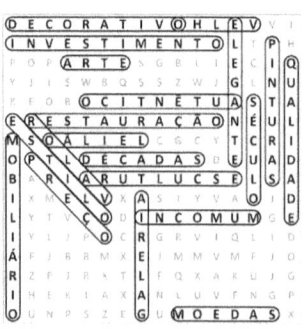

48 - Réchauffement Cli

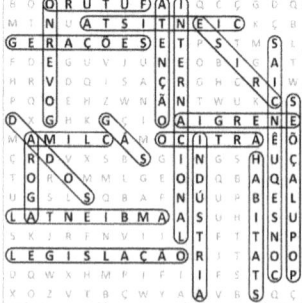

49 - Ballet

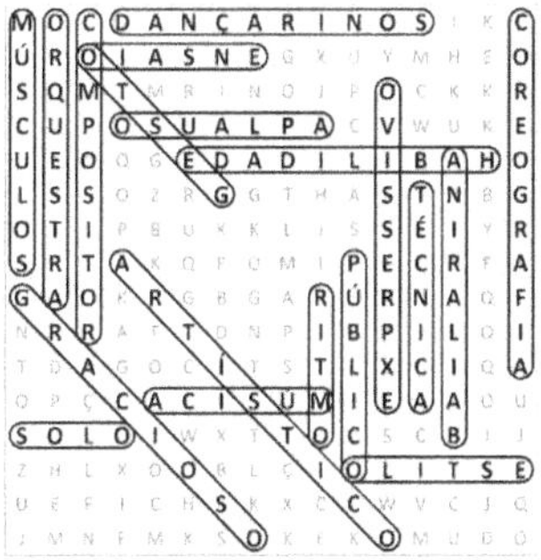

50 - Fruit

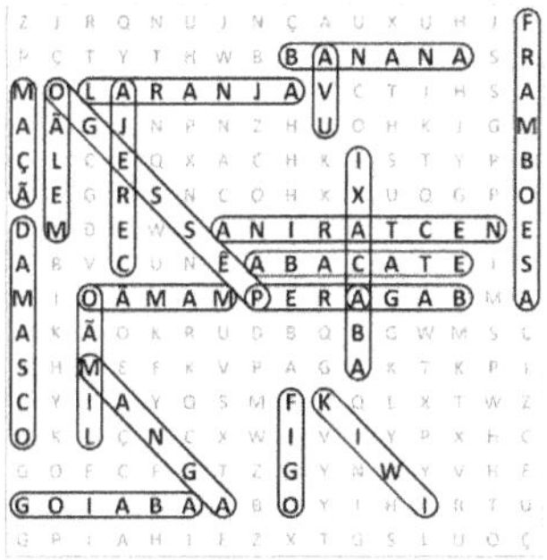

51 - Musique

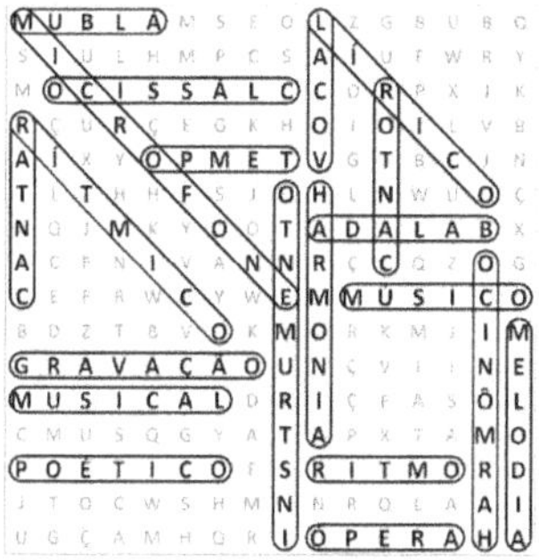

52 - Météo

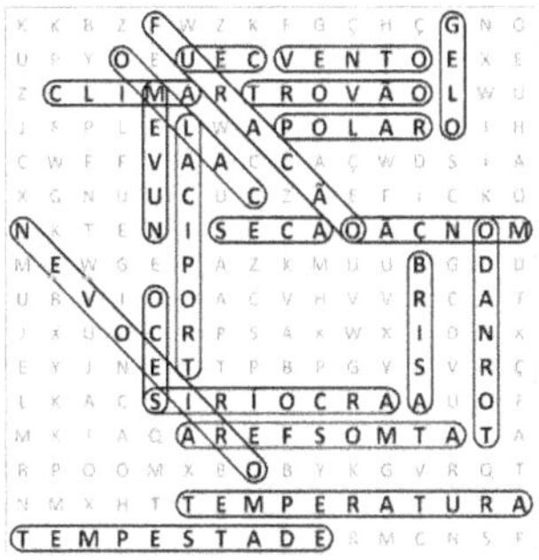

53 - L'Entreprise

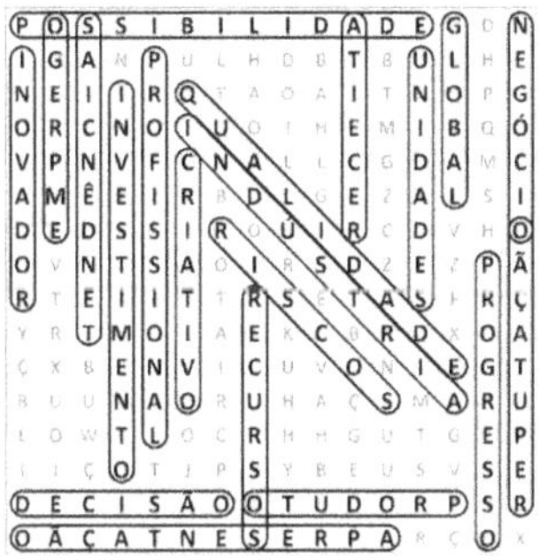

54 - Gouvernement

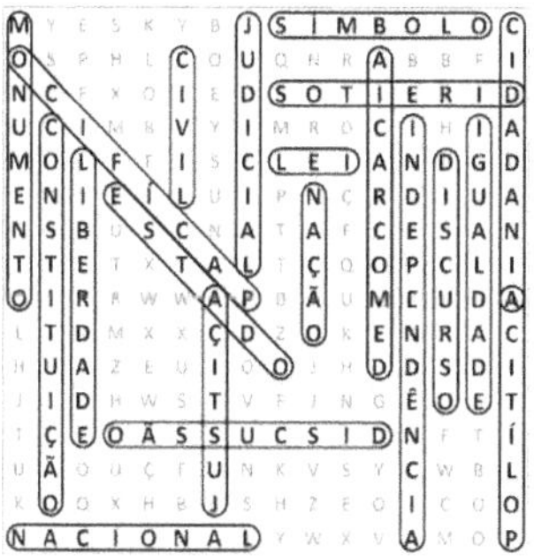

55 - Randonnée

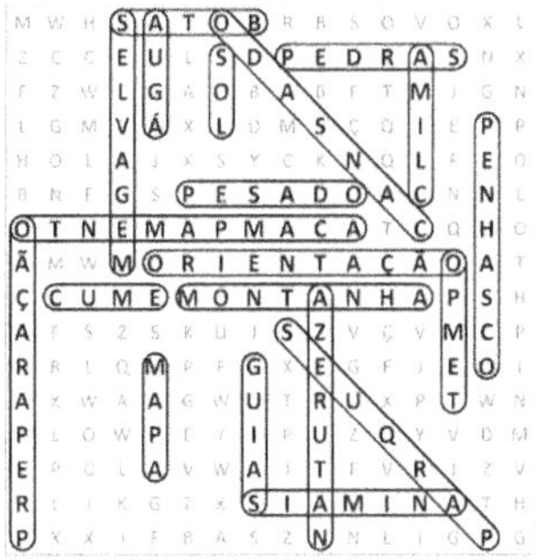

56 - Art

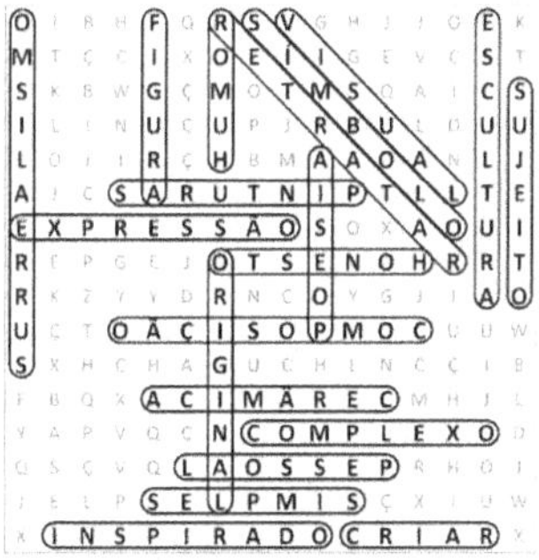

57 - Nutrition

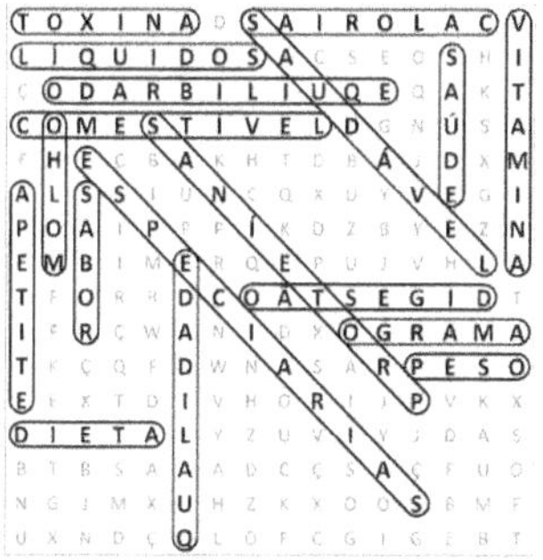

58 - Créativité

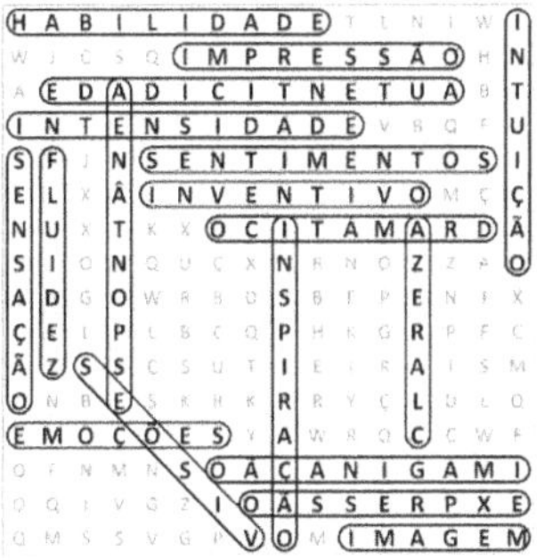

59 - Science Fiction

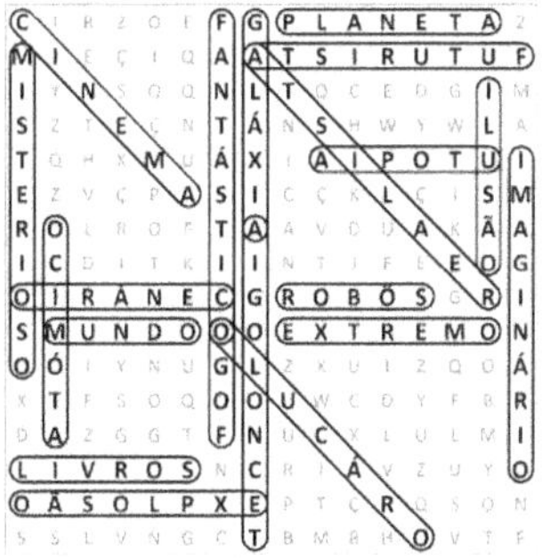

60 - Professions #1

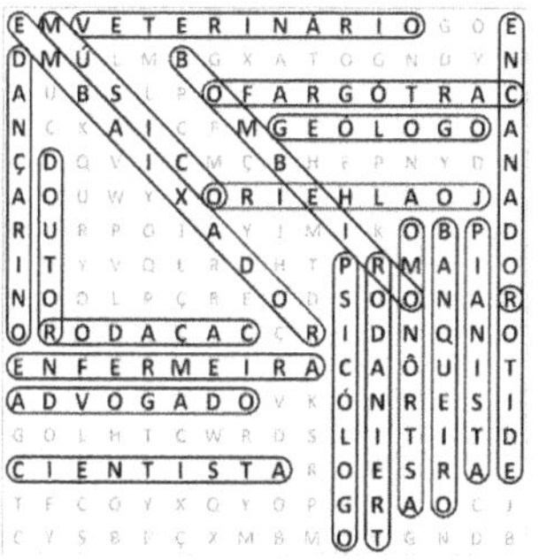

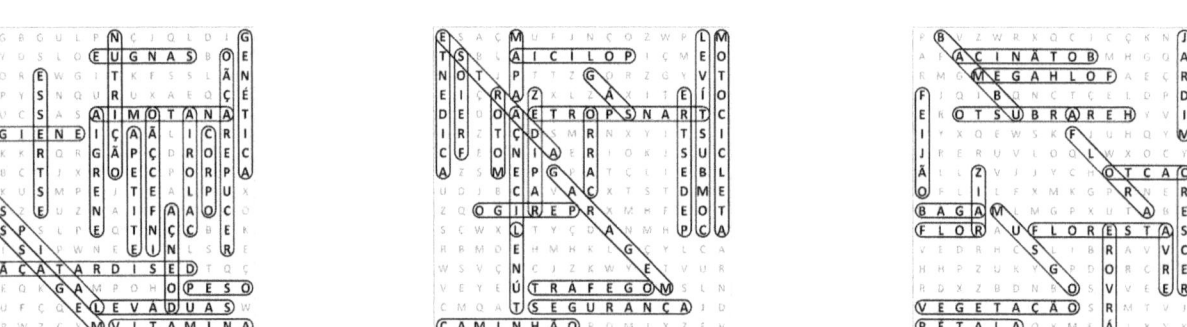

61 - Géologie

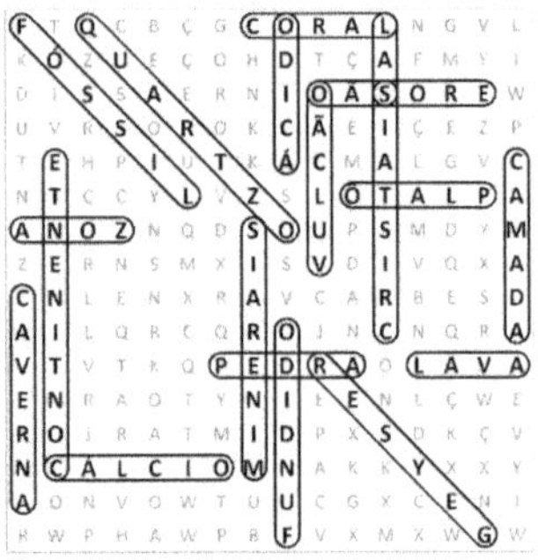

62 - Jardin

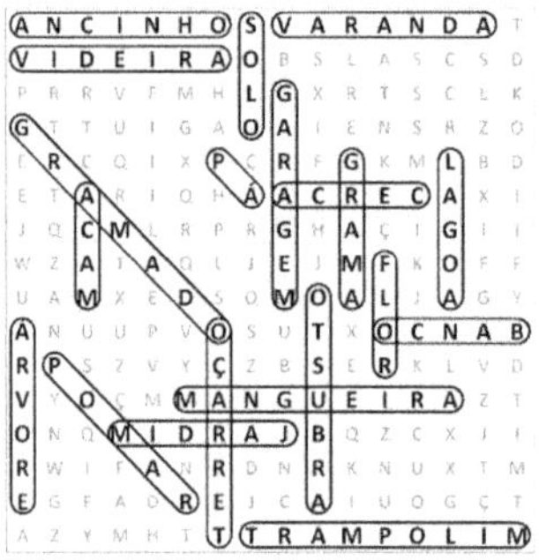

63 - Santé et Bien Être #1

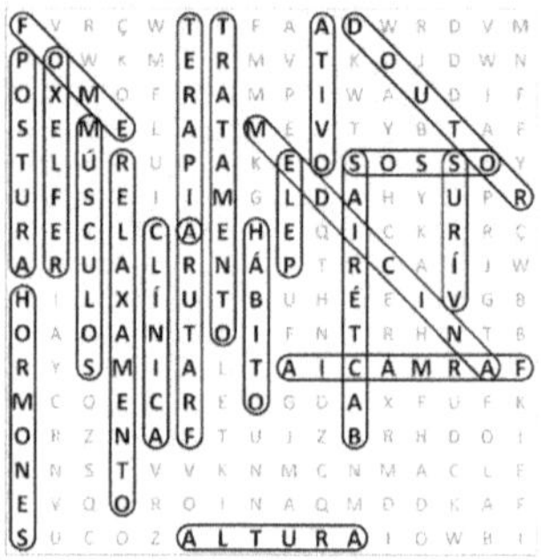

64 - Barbecues

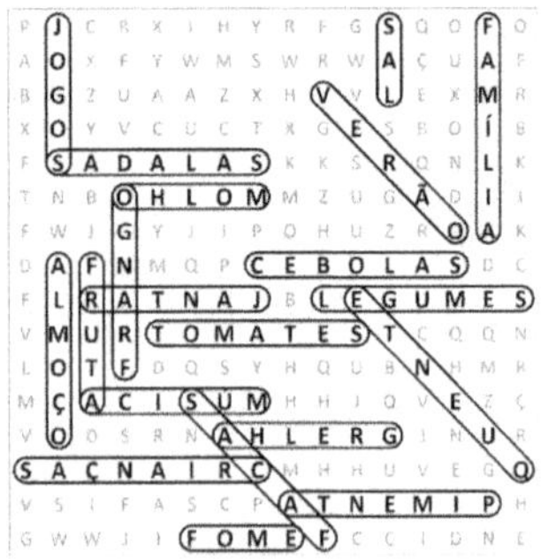

65 - Forêt Tropicale

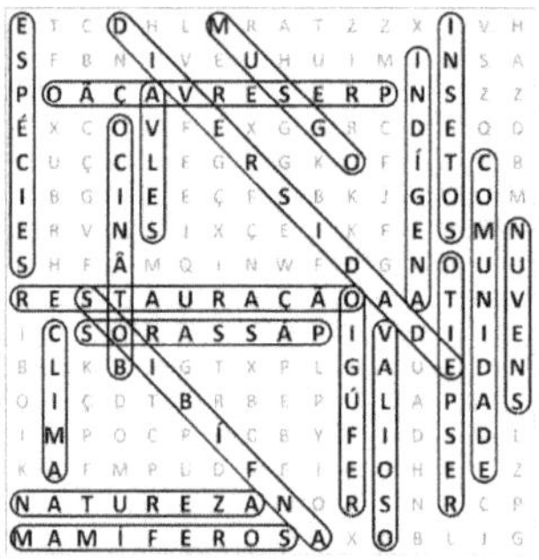

66 - Ferme #1

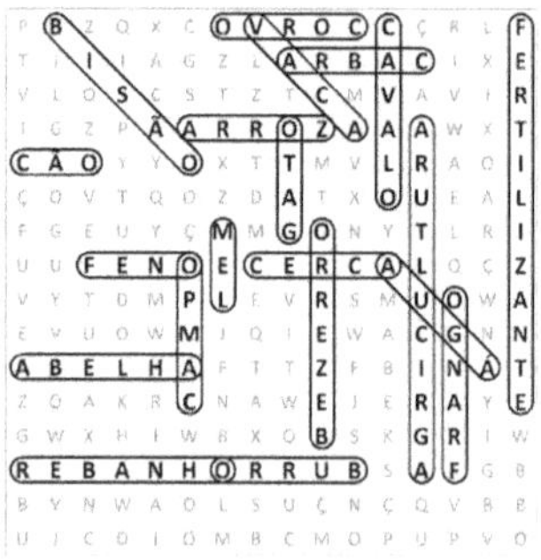

67 - Antarctique

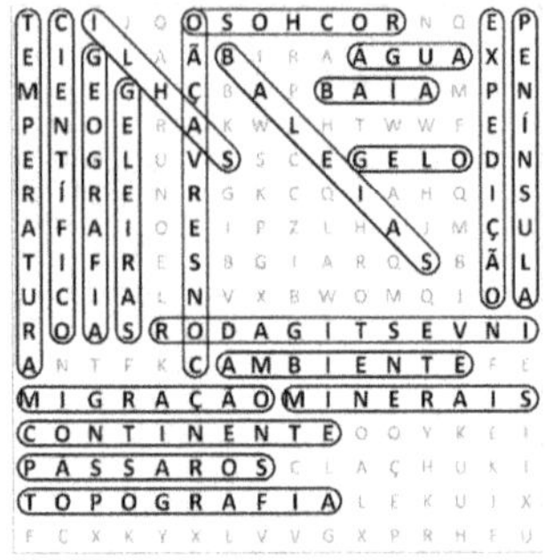

68 - Professions #2

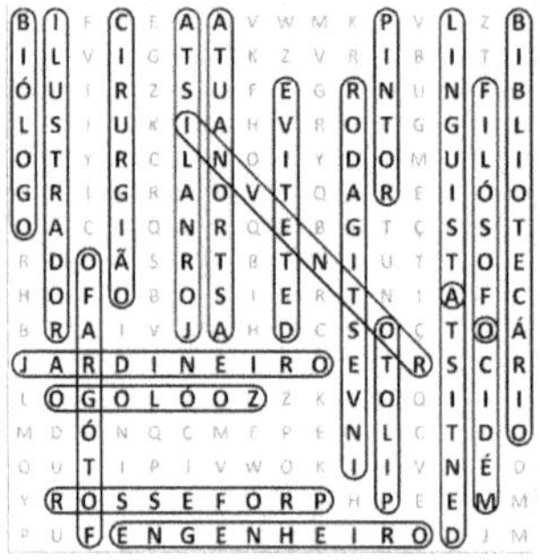

69 - Les Abeilles

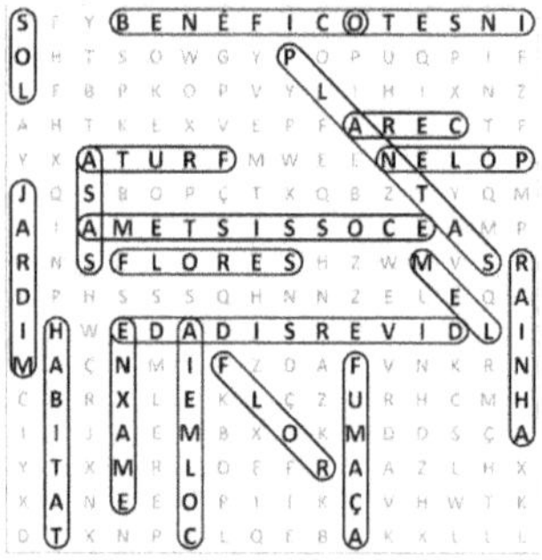

70 - Santé et Bien Être #2

71 - Conduite

72 - Plantes

73 - Ferme #2

74 - Vacances #2

75 - Éthique

76 - Temps

77 - Immigration

78 - Maison

79 - Légumes

80 - Famille

81 - Oiseaux

82 - Disciplines Scientifiques

83 - Maladie

84 - Univers

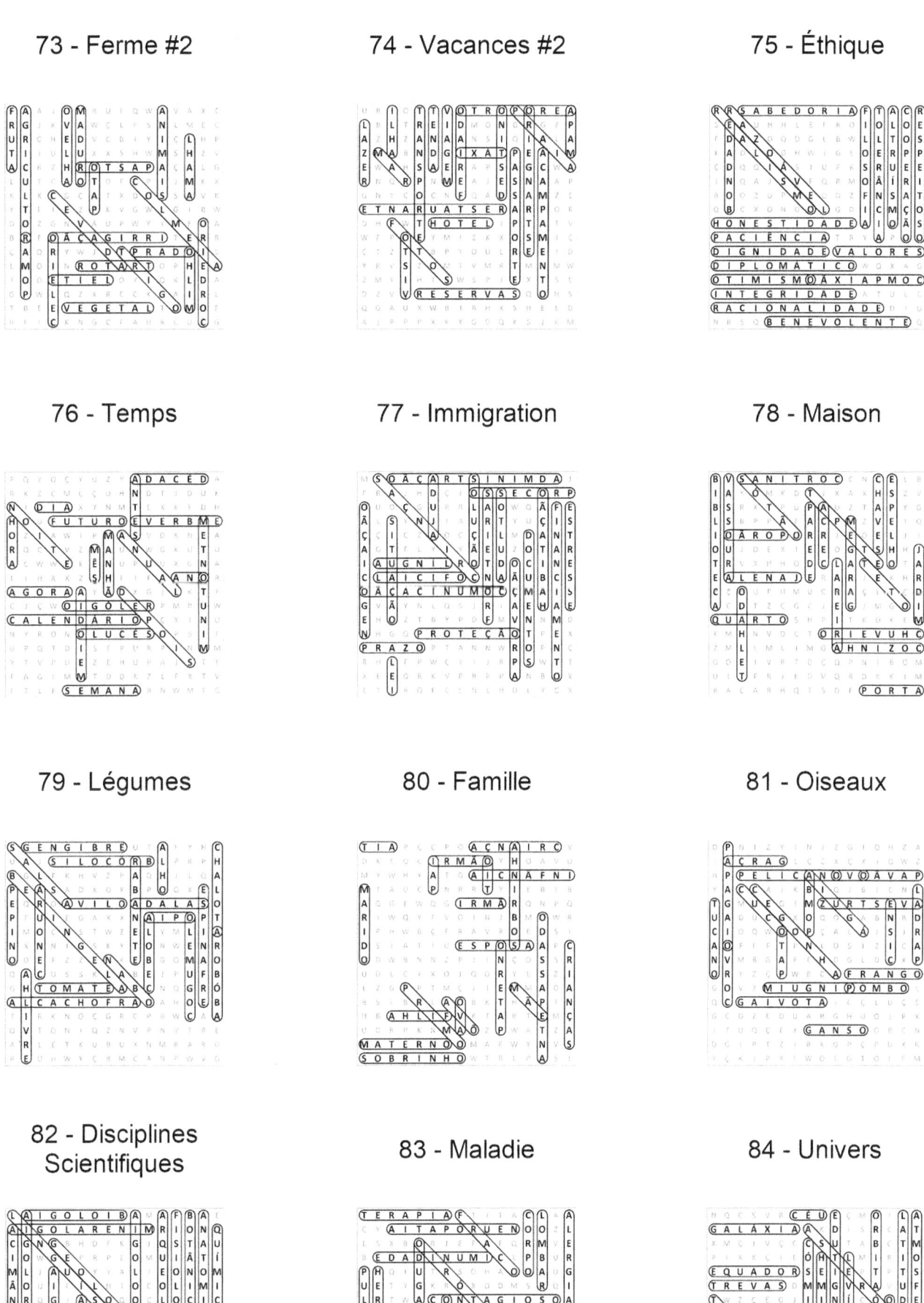

85 - Géographie

86 - Danse

87 - Bâtiments

88 - Activités et Loisirs

89 - Livres

90 - Pays #2

91 - Fournitures d'Art

92 - Jazz

93 - Paysages

94 - Pays #1

95 - Nombres

96 - Psychologie

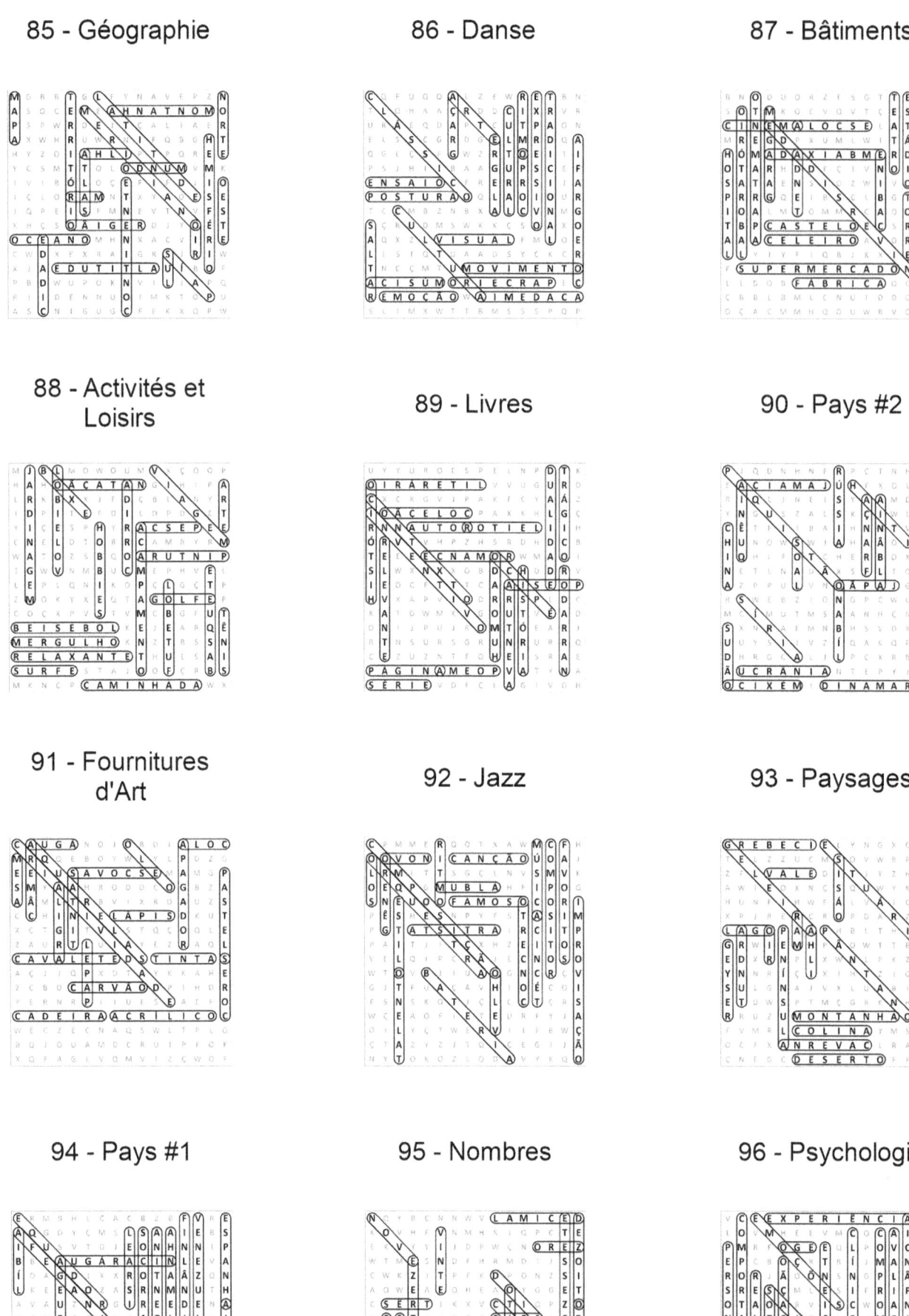

97 - Nature

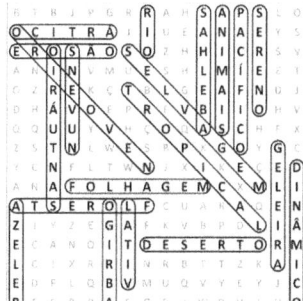

98 - Chimie

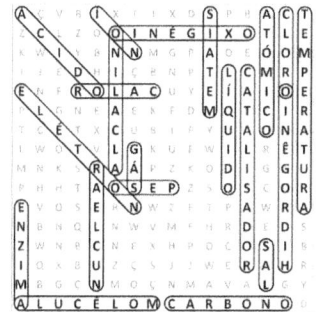

99 - Bateaux

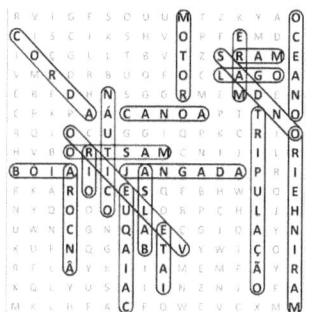

100 - Mesures

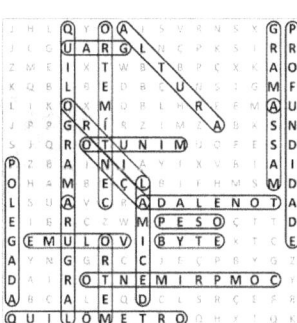

Dictionnaire

Activités et Loisirs
Atividades e Lazer

Art	Arte
Base-Ball	Beisebol
Basket-Ball	Basquete
Boxe	Boxe
Camping	Acampamento
Course	Corrida
Football	Futebol
Golf	Golfe
Jardinage	Jardinagem
Nager	Natação
Passe-Temps	Hobbies
Peinture	Pintura
Pêche	Pesca
Plongée	Mergulho
Randonnée	Caminhada
Relaxant	Relaxante
Surf	Surfe
Tennis	Tênis
Volley-Ball	Voleibol
Voyage	Viagem

Adjectifs #1
Adjetivos #1

Absolu	Absoluto
Actif	Ativo
Ambitieux	Ambicioso
Aromatique	Aromático
Artistique	Artístico
Attractif	Atraente
Beau	Bela
Exotique	Exótico
Énorme	Enorme
Généreux	Generoso
Honnête	Honesto
Identique	Idêntico
Important	Importante
Innocent	Inocente
Jeune	Jovem
Lent	Lento
Lourd	Pesado
Mince	Fino
Moderne	Moderno
Parfait	Perfeito

Adjectifs #2
Adjetivos #2

Authentique	Autêntico
Célèbre	Famoso
Créatif	Criativo
Descriptif	Descritivo
Doué	Dotado
Dramatique	Dramático
Élégant	Elegante
Fier	Orgulhoso
Fort	Forte
Intéressant	Interessante
Naturel	Natural
Nouveau	Novo
Productif	Produtivo
Puissant	Poderoso
Pur	Puro
Responsable	Responsável
Sain	Saudável
Salé	Salgado
Sauvage	Selvagem
Sec	Seco

Agronomie
Agronomia

Agriculture	Agricultura
Croissance	Crescimento
Eau	Água
Engrais	Fertilizante
Environnement	Ambiente
Écologie	Ecologia
Énergie	Energia
Érosion	Erosão
Étude	Estudo
Graines	Sementes
Identification	Identificação
Légumes	Legumes
Maladies	Doenças
Pollution	Poluição
Production	Produção
Recherche	Pesquisa
Rural	Rural
Science	Ciência
Sol	Solo
Systèmes	Sistemas

Algèbre
Álgebra

Diagramme	Diagrama
Exposant	Expoente
Équation	Equação
Facteur	Fator
Faux	Falso
Formule	Fórmula
Fraction	Fração
Graphique	Gráfico
Infini	Infinito
Linéaire	Linear
Matrice	Matriz
Nombre	Número
Parenthèse	Parêntese
Problème	Problema
Quantité	Quantidade
Simplifier	Simplificar
Solution	Solução
Soustraction	Subtração
Variable	Variável
Zéro	Zero

Antarctique
Antártica

Baie	Baía
Baleines	Baleias
Chercheur	Investigador
Conservation	Conservação
Continent	Continente
Eau	Água
Environnement	Ambiente
Expédition	Expedição
Géographie	Geografia
Glace	Gelo
Glaciers	Geleiras
Îles	Ilhas
Migration	Migração
Minéraux	Minerais
Oiseaux	Pássaros
Péninsule	Península
Rocheux	Rochoso
Scientifique	Científico
Température	Temperatura
Topographie	Topografia

Antiquités
Antiguidades

Art	Arte
Authentique	Autêntico
Décennies	Décadas
Décoratif	Decorativo
Enchères	Leilão
Élégant	Elegante
Galerie	Galeria
Inhabituel	Incomum
Investissement	Investimento
Meubles	Mobiliário
Peintures	Pinturas
Pièces	Moedas
Prix	Preço
Qualité	Qualidade
Restauration	Restauração
Sculpture	Escultura
Siècle	Século
Style	Estilo
Valeur	Valor
Vieux	Velho

Archéologie
Arqueologia

Analyse	Análise
Antiquité	Antiguidade
Chercheur	Investigador
Civilisation	Civilização
Descendant	Descendente
Expert	Especialista
Ère	Era
Équipe	Equipe
Évaluation	Avaliação
Fossile	Fóssil
Inconnu	Desconhecido
Mystère	Mistério
Objets	Objetos
Os	Ossos
Oublié	Esquecido
Poterie	Cerâmica
Professeur	Professor
Relique	Relíquia
Temple	Templo
Tombe	Túmulo

Art
Arte

Céramique	Cerâmica
Complexe	Complexo
Composition	Composição
Créer	Criar
Dépeindre	Retratar
Expression	Expressão
Figure	Figura
Honnête	Honesto
Humeur	Humor
Inspiré	Inspirado
Original	Original
Peintures	Pinturas
Personnel	Pessoal
Poésie	Poesia
Sculpture	Escultura
Simple	Simples
Sujet	Sujeito
Surréalisme	Surrealismo
Symbole	Símbolo
Visuel	Visual

Arts Visuels
Artes Visuais

Architecture	Arquitetura
Argile	Argila
Artiste	Artista
Céramique	Cerâmica
Charbon	Carvão
Chef-D'Œuvre	Obra-Prima
Chevalet	Cavalete
Cire	Cera
Composition	Composição
Craie	Giz
Crayon	Lápis
Créativité	Criatividade
Film	Filme
Peinture	Pintura
Perspective	Perspectiva
Pochoir	Estêncil
Portrait	Retrato
Sculpture	Escultura
Stylo	Caneta
Vernis	Verniz

Astronomie
Astronomia

Astéroïde	Asteróide
Astronaute	Astronauta
Astronome	Astrônomo
Ciel	Céu
Constellation	Constelação
Cosmos	Cosmos
Éclipse	Eclipse
Équinoxe	Equinócio
Fusée	Foguete
Galaxie	Galáxia
Lune	Lua
Météore	Meteoro
Nébuleuse	Nebulosa
Observatoire	Observatório
Planète	Planeta
Radiation	Radiação
Solaire	Solar
Supernova	Supernova
Terre	Terra
Univers	Universo

Aventure
Aventura

Activité	Atividade
Beauté	Beleza
Bravoure	Bravura
Chance	Chance
Dangereux	Perigoso
Destination	Destino
Difficulté	Dificuldade
Enthousiasme	Entusiasmo
Excursion	Excursão
Inhabituel	Incomum
Itinéraire	Itinerário
Joie	Alegria
Nature	Natureza
Navigation	Navegação
Nouveau	Novo
Opportunité	Oportunidade
Préparation	Preparação
Sécurité	Segurança
Surprenant	Surpreendente
Voyages	Viagens

Avions
Aviões

Air	Ar
Altitude	Altitude
Atmosphère	Atmosfera
Atterrissage	Aterrissagem
Aventure	Aventura
Ballon	Balão
Carburant	Combustível
Ciel	Céu
Construction	Construção
Descente	Descida
Direction	Direção
Équipage	Tripulação
Gonfler	Inflar
Hauteur	Altura
Histoire	História
Hydrogène	Hidrogênio
Moteur	Motor
Passager	Passageiro
Pilote	Piloto
Turbulence	Turbulência

Ballet
Balé

Applaudissement	Aplauso
Artistique	Artístico
Ballerine	Bailarina
Chorégraphie	Coreografia
Compétence	Habilidade
Compositeur	Compositor
Danseurs	Dançarinos
Expressif	Expressivo
Geste	Gesto
Gracieux	Gracioso
Intensité	Intensidade
Muscles	Músculos
Musique	Música
Orchestre	Orquestra
Public	Público
Répétition	Ensaio
Rythme	Ritmo
Solo	Solo
Style	Estilo
Technique	Técnica

Barbecues
Churrascos

Chaud	Quente
Couteaux	Facas
Déjeuner	Almoço
Dîner	Jantar
Enfants	Crianças
Été	Verão
Faim	Fome
Famille	Família
Fruit	Fruta
Gril	Grelha
Jeux	Jogos
Légumes	Legumes
Musique	Música
Oignons	Cebolas
Poivre	Pimenta
Poulet	Frango
Salades	Saladas
Sauce	Molho
Sel	Sal
Tomates	Tomates

Bateaux
Barcos

Ancre	Âncora
Bouée	Bóia
Canoë	Canoa
Corde	Corda
Équipage	Tripulação
Ferry	Balsa
Fleuve	Rio
Kayak	Caiaque
Lac	Lago
Marée	Maré
Marin	Marinheiro
Mât	Mastro
Mer	Mar
Moteur	Motor
Nautique	Náutico
Océan	Oceano
Radeau	Jangada
Vagues	Ondas
Voilier	Veleiro
Yacht	Iate

Bâtiments
Edifícios

Ambassade	Embaixada
Appartement	Apartamento
Cabine	Cabine
Château	Castelo
Cinéma	Cinema
École	Escola
Garage	Garagem
Grange	Celeiro
Hôpital	Hospital
Hôtel	Hotel
Laboratoire	Laboratório
Musée	Museu
Observatoire	Observatório
Stade	Estádio
Supermarché	Supermercado
Tente	Tenda
Théâtre	Teatro
Tour	Torre
Université	Universidade
Usine	Fábrica

Beauté
Beleza

Boucles	Cachos
Charme	Charme
Ciseaux	Tesoura
Cosmétique	Cosméticos
Couleur	Cor
Élégance	Elegância
Élégant	Elegante
Grâce	Graça
Huiles	Óleos
Lisse	Suave
Maquillage	Maquiagem
Mascara	Rímel
Miroir	Espelho
Parfum	Fragrância
Peau	Pele
Photogénique	Fotogênico
Rouge à Lèvres	Batom
Services	Serviços
Shampooing	Xampu
Styliste	Estilista

Biologie
Biologia

Anatomie	Anatomia
Bactéries	Bactérias
Cellule	Célula
Chromosome	Cromossoma
Collagène	Colagénio
Embryon	Embrião
Enzyme	Enzima
Évolution	Evolução
Hormone	Hormona
Mammifère	Mamífero
Mutation	Mutação
Naturel	Natural
Nerf	Nervo
Neurone	Neurônio
Osmose	Osmose
Photosynthèse	Fotossíntese
Protéine	Proteína
Reptile	Réptil
Symbiose	Simbiose
Synapse	Sinapse

Camping
Acampamento

Animaux	Animais
Aventure	Aventura
Boussole	Bússola
Cabine	Cabine
Canoë	Canoa
Carte	Mapa
Chapeau	Chapéu
Chasse	Caça
Corde	Corda
Équipement	Equipamento
Feu	Fogo
Forêt	Floresta
Hamac	Maca
Insecte	Inseto
Lac	Lago
Lanterne	Lanterna
Lune	Lua
Montagne	Montanha
Nature	Natureza
Tente	Tenda

Chimie
Química

Acide	Ácido
Alcalin	Alcalino
Atomique	Atómico
Carbone	Carbono
Catalyseur	Catalisador
Chaleur	Calor
Chlore	Cloro
Enzyme	Enzima
Électron	Elétron
Gaz	Gás
Hydrogène	Hidrogênio
Ion	Íon
Liquide	Líquido
Métaux	Metais
Molécule	Molécula
Nucléaire	Nuclear
Oxygène	Oxigénio
Poids	Peso
Sel	Sal
Température	Temporatura

Chocolat
Chocolate

Amer	Amargo
Antioxydant	Antioxidante
Arôme	Aroma
Artisanal	Artesanal
Cacahuètes	Amendoins
Cacao	Cacau
Calories	Calorias
Caramel	Caramelo
Délicieux	Delicioso
Doux	Doce
Exotique	Exótico
Favori	Favorito
Goût	Gosto
Ingrédient	Ingrediente
Noix de Coco	Coco
Poudre	Pó
Qualité	Qualidade
Recette	Receita
Saveur	Sabor
Sucre	Açúcar

Conduite
Dirigindo

Accident	Acidente
Camion	Caminhão
Carburant	Combustível
Carte	Mapa
Danger	Perigo
Freins	Freios
Garage	Garagem
Gaz	Gás
Licence	Licença
Moteur	Motor
Moto	Motocicleta
Piéton	Pedestre
Police	Polícia
Route	Estrada
Sécurité	Segurança
Trafic	Tráfego
Transport	Transporte
Tunnel	Túnel
Vitesse	Rapidez
Voiture	Carro

Corps Humain
Corpo Humano

Bouche	Boca
Cerveau	Cérebro
Cheville	Tornozelo
Cou	Pescoço
Coude	Cotovelo
Cœur	Coração
Doigt	Dedo
Estomac	Estômago
Épaule	Ombro
Genou	Joelho
Lèvres	Lábios
Main	Mão
Mâchoire	Mandíbula
Menton	Queixo
Nez	Nariz
Oreille	Orelha
Peau	Pele
Sang	Sangue
Tête	Cabeça
Visage	Rosto

Créativité
Criatividade

Artistique	Artístico
Authenticité	Autenticidade
Clarté	Clareza
Compétence	Habilidade
Dramatique	Dramático
Expression	Expressão
Émotions	Emoções
Fluidité	Fluidez
Image	Imagem
Imagination	Imaginação
Impression	Impressão
Inspiration	Inspiração
Intensité	Intensidade
Intuition	Intuição
Inventif	Inventivo
Sensation	Sensação
Sentiments	Sentimentos
Spontané	Espontânea
Visions	Visões
Vitalité	Vitalidade

Danse
Dança

Académie	Academia
Art	Arte
Chorégraphie	Coreografia
Classique	Clássico
Corps	Corpo
Culture	Cultura
Culturel	Cultural
Expressif	Expressivo
Émotion	Emoção
Grâce	Graça
Joyeux	Alegre
Mouvement	Movimento
Musique	Música
Partenaire	Parceiro
Posture	Postura
Répétition	Ensaio
Rythme	Ritmo
Saut	Saltar
Traditionnel	Tradicional
Visuel	Visual

Diplomatie
Diplomacia

Ambassade	Embaixada
Ambassadeur	Embaixador
Citoyens	Cidadãos
Communauté	Comunidade
Conflit	Conflito
Conseiller	Consultor
Coopération	Cooperação
Diplomatique	Diplomático
Discussion	Discussão
Éthique	Ética
Étranger	Estrangeiro
Gouvernement	Governo
Humanitaire	Humanitário
Intégrité	Integridade
Justice	Justiça
Politique	Política
Résolution	Resolução
Sécurité	Segurança
Solution	Solução
Traité	Tratado

Disciplines Scientifiques
Disciplinas Científicas

Anatomie	Anatomia
Archéologie	Arqueologia
Astronomie	Astronomia
Biochimie	Bioquímica
Biologie	Biologia
Botanique	Botânica
Chimie	Química
Écologie	Ecologia
Géologie	Geologia
Immunologie	Imunologia
Linguistique	Linguística
Mécanique	Mecânica
Météorologie	Meteorologia
Minéralogie	Mineralogia
Neurologie	Neurologia
Physiologie	Fisiologia
Psychologie	Psicologia
Sociologie	Sociologia
Thermodynamique	Termodinâmica
Zoologie	Zoologia

Entreprise
Negócios

Argent	Dinheiro
Boutique	Loja
Budget	Orçamento
Bureau	Escritório
Carrière	Carreira
Coût	Custo
Devise	Moeda
Employeur	Empregador
Employé	Empregado
Entreprise	Empresa
Économie	Economia
Finance	Finança
Impôts	Impostos
Investissement	Investimento
Marchandise	Mercadoria
Profit	Lucro
Revenu	Rendimento
Transaction	Transação
Usine	Fábrica
Vente	Venda

Écologie
Ecologia

Bénévoles	Voluntários
Climat	Clima
Communautés	Comunidades
Diversité	Diversidade
Durable	Sustentável
Espèce	Espécies
Faune	Fauna
Flore	Flora
Habitat	Habitat
Marais	Pântano
Marin	Marinho
Montagnes	Montanhas
Nature	Natureza
Naturel	Natural
Plantes	Plantas
Ressources	Recursos
Sécheresse	Seca
Survie	Sobrevivência
Variété	Variedade
Végétation	Vegetação

Énergie
Energia

Batterie	Bateria
Carbone	Carbono
Carburant	Combustível
Chaleur	Calor
Diesel	Diesel
Entropie	Entropia
Environnement	Ambiente
Essence	Gasolina
Électrique	Elétrico
Électron	Elétron
Hydrogène	Hidrogênio
Industrie	Indústria
Moteur	Motor
Nucléaire	Nuclear
Photon	Fóton
Pollution	Poluição
Renouvelable	Renovável
Soleil	Sol
Turbine	Turbina
Vent	Vento

Épices
Especiarias

Aigre	Azedo
Ail	Alho
Amer	Amargo
Anis	Anis
Cannelle	Canela
Cardamome	Cardamomo
Coriandre	Coentro
Cumin	Cominho
Curry	Caril
Fenouil	Funcho
Gingembre	Gengibre
Muscade	Noz-Moscada
Oignon	Cebola
Paprika	Páprica
Poivre	Pimenta
Réglisse	Alcaçuz
Safran	Açafrão
Saveur	Sabor
Sel	Sal
Vanille	Baunilha

Éthique
Ética

Altruisme	Altruísmo
Bienveillant	Benevolente
Compassion	Compaixão
Coopération	Cooperação
Dignité	Dignidade
Diplomatique	Diplomático
Gentillesse	Bondade
Honnêteté	Honestidade
Humanité	Humanidade
Intégrité	Integridade
Optimisme	Otimismo
Patience	Paciência
Philosophie	Filosofia
Raisonnable	Razoável
Rationalité	Racionalidade
Respectueux	Respeitoso
Réalisme	Realismo
Sagesse	Sabedoria
Tolérance	Tolerância
Valeurs	Valores

Famille
Família

Ancêtre	Antepassado
Cousin	Primo
Enfance	Infância
Enfant	Criança
Enfants	Crianças
Femme	Esposa
Fille	Filha
Frère	Irmão
Grand-Mère	Avó
Grand-Père	Avô
Mari	Marido
Maternel	Materno
Mère	Mãe
Neveu	Sobrinho
Nièce	Sobrinha
Oncle	Tio
Paternel	Paterno
Père	Pai
Soeur	Irmã
Tante	Tia

Ferme #1
Fazenda #1

Abeille	Abelha
Agriculture	Agricultura
Âne	Burro
Bison	Bisão
Champ	Campo
Chat	Gato
Cheval	Cavalo
Chèvre	Cabra
Chien	Cão
Clôture	Cerca
Corbeau	Corvo
Eau	Água
Engrais	Fertilizante
Foin	Feno
Miel	Mel
Poulet	Frango
Riz	Arroz
Troupeau	Rebanho
Vache	Vaca
Veau	Bezerro

Ferme #2
Fazenda #2

Agneau	Cordeiro
Agriculteur	Agricultor
Animaux	Animais
Berger	Pastor
Blé	Trigo
Canard	Pato
Fruit	Fruta
Grange	Celeiro
Irrigation	Irrigação
Lait	Leite
Lama	Lhama
Légume	Vegetal
Maïs	Milho
Mouton	Ovelha
Mûr	Maduro
Orge	Cevada
Pré	Prado
Ruche	Colmeia
Tracteur	Trator
Verger	Pomar

Fleurs
Flores

Bouquet	Buquê
Gardénia	Gardênia
Hibiscus	Hibisco
Jasmin	Jasmim
Jonquille	Narciso
Lavande	Lavanda
Lilas	Lilás
Lys	Lírio
Magnolia	Magnólia
Marguerite	Margarida
Orchidée	Orquídea
Pavot	Papoula
Pétale	Pétala
Pissenlit	Dente-De-Leão
Pivoine	Peônia
Plumeria	Plumeria
Rose	Rosa
Tournesol	Girassol
Trèfle	Trevo
Tulipe	Tulipa

Force et Gravité
Força e Gravidade

Axe	Eixo
Centre	Centro
Découverte	Descoberta
Distance	Distância
Dynamique	Dinâmico
Expansion	Expansão
Friction	Atrito
Impact	Impacto
Magnétisme	Magnetismo
Mécanique	Mecânica
Mouvement	Movimento
Orbite	Órbita
Physique	Física
Planètes	Planetas
Poids	Peso
Pression	Pressão
Propriétés	Propriedades
Temps	Tempo
Universel	Universal
Vitesse	Rapidez

Forêt Tropicale
Floresta Tropical

Amphibiens	Anfíbios
Botanique	Botânico
Climat	Clima
Communauté	Comunidade
Diversité	Diversidade
Espèce	Espécies
Indigène	Indígena
Insectes	Insetos
Jungle	Selva
Mammifères	Mamíferos
Mousse	Musgo
Nature	Natureza
Nuage	Nuvens
Oiseaux	Pássaros
Précieux	Valioso
Préservation	Preservação
Refuge	Refúgio
Respect	Respeito
Restauration	Restauração
Survie	Sobrevivência

Fournitures d'Art
Material de Arte

Acrylique	Acrílico
Aquarelles	Aquarelas
Argile	Argila
Brosses	Escovas
Caméra	Câmera
Chaise	Cadeira
Charbon	Carvão
Chevalet	Cavalete
Colle	Cola
Couleurs	Cores
Crayons	Lápis
Créativité	Criatividade
Eau	Água
Encre	Tinta
Gomme	Apagador
Huile	Óleo
Papier	Papel
Pastels	Pastels
Peinture	Tintas
Table	Mesa

Fruit
Frutas

Abricot	Damasco
Ananas	Abacaxi
Avocat	Abacate
Baie	Baga
Banane	Banana
Cerise	Cereja
Citron	Limão
Figue	Figo
Framboise	Framboesa
Goyave	Goiaba
Kiwi	Kiwi
Mangue	Manga
Melon	Melão
Nectarine	Nectarina
Orange	Laranja
Papaye	Mamão
Pêche	Pêssego
Poire	Pera
Pomme	Maçã
Raisin	Uva

Géographie
Geografia

Altitude	Altitude
Atlas	Atlas
Carte	Mapa
Continent	Continente
Fleuve	Rio
Hémisphère	Hemisfério
Île	Ilha
Latitude	Latitude
Mer	Mar
Méridien	Meridiano
Monde	Mundo
Montagne	Montanha
Nord	Norte
Océan	Oceano
Ouest	Oeste
Pays	País
Région	Região
Sud	Sul
Territoire	Território
Ville	Cidade

Géologie
Geologia

Acide	Ácido
Calcium	Cálcio
Caverne	Caverna
Continent	Continente
Corail	Coral
Couche	Camada
Cristaux	Cristais
Érosion	Erosão
Fondu	Fundido
Fossile	Fóssil
Geyser	Geyser
Lave	Lava
Minéraux	Minerais
Pierre	Pedra
Plateau	Platô
Quartz	Quartzo
Sel	Sal
Stalactite	Estalactite
Volcan	Vulcão
Zone	Zona

Géométrie
Geometria

Angle	Ângulo
Calcul	Cálculo
Cercle	Círculo
Courbe	Curva
Diamètre	Diâmetro
Dimension	Dimensão
Équation	Equação
Hauteur	Altura
Logique	Lógica
Masse	Massa
Médian	Mediana
Nombre	Número
Parallèle	Paralelo
Proportion	Proporção
Segment	Segmento
Surface	Superfície
Symétrie	Simetria
Théorie	Teoria
Triangle	Triângulo
Vertical	Vertical

Gouvernement
Governo

Citoyenneté	Cidadania
Civil	Civil
Constitution	Constituição
Démocratie	Democracia
Discours	Discurso
Discussion	Discussão
Droits	Direitos
Égalité	Igualdade
État	Estado
Indépendance	Independência
Judiciaire	Judicial
Justice	Justiça
Liberté	Liberdade
Loi	Lei
Monument	Monumento
Nation	Nação
National	Nacional
Paisible	Pacífico
Politique	Política
Symbole	Símbolo

Herboristerie
Herbalismo

Ail	Alho
Aromatique	Aromático
Basilic	Manjericão
Bénéfique	Benéfico
Culinaire	Culinário
Estragon	Estragão
Fenouil	Funcho
Fleur	Flor
Ingrédient	Ingrediente
Jardin	Jardim
Lavande	Lavanda
Marjolaine	Manjerona
Menthe	Menta
Persil	Salsa
Qualité	Qualidade
Romarin	Alecrim
Safran	Açafrão
Saveur	Sabor
Thym	Tomilho
Vert	Verde

Immigration
Imigração

Administration	Administração
Adultes	Adultos
Aide	Ajuda
Approbation	Aprovação
Communication	Comunicação
Date Limite	Prazo
Documents	Documentos
Enfants	Crianças
Financement	Financiamento
Frontières	Fronteiras
Langue	Língua
Logement	Habitação
Loi	Lei
Négociation	Negociação
Officier	Oficial
Processus	Processo
Protection	Proteção
Situation	Situação
Solution	Solução
Stress	Estresse

Ingénierie
Engenharia

Angle	Ângulo
Axe	Eixo
Calcul	Cálculo
Construction	Construção
Diagramme	Diagrama
Diamètre	Diâmetro
Diesel	Diesel
Distribution	Distribuição
Engrenages	Engrenagens
Énergie	Energia
Force	Força
Liquide	Líquido
Machine	Máquina
Mesure	Medição
Moteur	Motor
Profondeur	Profundidade
Propulsion	Propulsão
Rotation	Rotação
Stabilité	Estabilidade
Structure	Estrutura

Instruments de Musique
Instrumentos Musicais

Banjo	Banjo
Basson	Fagote
Clarinette	Clarinete
Flûte	Flauta
Gong	Gongo
Guitare	Violão
Harmonica	Gaita
Harpe	Harpa
Hautbois	Oboé
Mandoline	Bandolim
Marimba	Marimba
Percussion	Percussão
Piano	Piano
Saxophone	Saxofone
Tambour	Tambor
Tambourin	Pandeiro
Trombone	Trombone
Trompette	Trompete
Violon	Violino
Violoncelle	Violoncelo

Jardin
Jardim

Arbre	Árvore
Banc	Banco
Buisson	Arbusto
Clôture	Cerca
Étang	Lagoa
Fleur	Flor
Garage	Garagem
Hamac	Maca
Herbe	Grama
Jardin	Jardim
Pelle	Pá
Pelouse	Gramado
Porche	Varanda
Râteau	Ancinho
Sol	Solo
Terrasse	Terraço
Trampoline	Trampolim
Tuyau	Mangueira
Verger	Pomar
Vigne	Videira

Jardinage
Jardinagem

Botanique	Botânico
Bouquet	Buquê
Climat	Clima
Comestible	Comestível
Compost	Composto
Eau	Água
Espèce	Espécies
Exotique	Exótico
Feuillage	Folhagem
Feuille	Folha
Fleur	Flor
Floral	Floral
Graines	Sementes
Humidité	Umidade
Récipient	Recipiente
Saisonnier	Sazonal
Saleté	Sujeira
Sol	Solo
Tuyau	Mangueira
Verger	Pomar

Jazz
Jazz

Album	Álbum
Artiste	Artista
Célèbre	Famoso
Chanson	Canção
Compositeur	Compositor
Composition	Composição
Concert	Concerto
Favoris	Favoritos
Genre	Gênero
Improvisation	Improvisação
Musique	Música
Nouveau	Novo
Orchestre	Orquestra
Rythme	Ritmo
Solo	Solo
Style	Estilo
Talent	Talento
Tambours	Bateria
Technique	Técnica
Vieux	Velho

Jours et Mois
Dias e Meses

Août	Agosto
Avril	Abril
Calendrier	Calendário
Dimanche	Domingo
Février	Fevereiro
Janvier	Janeiro
Jeudi	Quinta-Feira
Juillet	Julho
Juin	Junho
Lundi	Segunda-Feira
Mardi	Terça
Mars	Março
Mercredi	Quarta-Feira
Mois	Mês
Novembre	Novembro
Octobre	Outubro
Samedi	Sábado
Semaine	Semana
Septembre	Setembro
Vendredi	Sexta-Feira

L'Entreprise
A Empresa

Affaires	Negócio
Créatif	Criativo
Décision	Decisão
Emploi	Emprego
Global	Global
Industrie	Indústria
Innovant	Inovador
Investissement	Investimento
Possibilité	Possibilidade
Présentation	Apresentação
Produit	Produto
Professionnel	Profissional
Progrès	Progresso
Qualité	Qualidade
Ressources	Recursos
Revenu	Receita
Réputation	Reputação
Risques	Riscos
Tendances	Tendências
Unités	Unidades

Les Abeilles
Abelhas

Ailes	Asas
Bénéfique	Benéfico
Cire	Cera
Diversité	Diversidade
Essaim	Enxame
Écosystème	Ecossistema
Fleur	Flor
Fleurs	Flores
Fruit	Fruta
Fumée	Fumaça
Habitat	Habitat
Insecte	Inseto
Jardin	Jardim
Miel	Mel
Plantes	Plantas
Pollen	Pólen
Reine	Rainha
Ruche	Colmeia
Soleil	Sol

Les Médias
A Mídia

Attitudes	Atitudes
Commercial	Comercial
Communication	Comunicação
En Ligne	Online
Édition	Edição
Éducation	Educação
Faits	Fatos
Images	Imagens
Individuel	Individual
Industrie	Indústria
Intellectuel	Intelectual
Journaux	Jornais
Local	Local
Numérique	Digital
Opinion	Opinião
Photos	Fotos
Public	Público
Radio	Rádio
Réseau	Rede
Télévision	Televisão

Légumes
Vegetais

Ail	Alho
Artichaut	Alcachofra
Aubergine	Beringela
Brocoli	Brócolis
Carotte	Cenoura
Céleri	Aipo
Champignon	Cogumelo
Citrouille	Abóbora
Concombre	Pepino
Échalote	Chalota
Épinard	Espinafre
Gingembre	Gengibre
Navet	Nabo
Oignon	Cebola
Olive	Oliva
Persil	Salsa
Pois	Ervilha
Radis	Rabanete
Salade	Salada
Tomate	Tomate

Littérature
Literatura

Analogie	Analogia
Analyse	Análise
Anecdote	Anedota
Auteur	Autor
Biographie	Biografia
Comparaison	Comparação
Conclusion	Conclusão
Description	Descrição
Dialogue	Diálogo
Fiction	Ficção
Métaphore	Metáfora
Narrateur	Narrador
Poème	Poema
Poétique	Poético
Rime	Rima
Roman	Romance
Rythme	Ritmo
Style	Estilo
Thème	Tema
Tragédie	Tragédia

Livres
Livros

Auteur	Autor
Aventure	Aventura
Collection	Coleção
Contexte	Contexto
Dualité	Dualidade
Épique	Épico
Histoire	História
Historique	Histórico
Humoristique	Humorado
Inventif	Inventivo
Lecteur	Leitor
Littéraire	Literário
Narrateur	Narrador
Page	Página
Pertinent	Relevante
Poème	Poema
Poésie	Poesia
Roman	Romance
Série	Série
Tragique	Trágico

Maison
Casa

Balai	Vassoura
Bibliothèque	Biblioteca
Chambre	Quarto
Cheminée	Lareira
Clés	Chaves
Clôture	Cerca
Cuisine	Cozinha
Douche	Chuveiro
Fenêtre	Janela
Garage	Garagem
Grenier	Sótão
Jardin	Jardim
Miroir	Espelho
Mur	Parede
Plafond	Teto
Porte	Porta
Rideaux	Cortinas
Sous-Sol	Porão
Tapis	Tapete
Toit	Telhado

Maladie
Doença

Abdominal	Abdominal
Aigu	Agudo
Allergies	Alergias
Chronique	Crônica
Contagieux	Contagioso
Corps	Corpo
Cœur	Coração
Faible	Fraco
Génétique	Genético
Héréditaire	Hereditário
Immunité	Imunidade
Inflammation	Inflamação
Lombaire	Lombar
Neuropathie	Neuropatia
Os	Ossos
Pulmonaire	Pulmonar
Respiratoire	Respiratório
Santé	Saúde
Syndrome	Síndrome
Thérapie	Terapia

Mammifères
Mamíferos

Baleine	Baleia
Chat	Gato
Cheval	Cavalo
Chien	Cão
Coyote	Coiote
Dauphin	Golfinho
Éléphant	Elefante
Girafe	Girafa
Gorille	Gorila
Kangourou	Canguru
Lapin	Coelho
Lion	Leão
Loup	Lobo
Mouton	Ovelha
Ours	Urso
Renard	Raposa
Singe	Macaco
Taureau	Touro
Tigre	Tigre
Zèbre	Zebra

Mathématiques
Matemática

Angles	Ângulos
Arithmétique	Aritmética
Carré	Quadrado
Décimal	Decimal
Diamètre	Diâmetro
Exposant	Expoente
Équation	Equação
Fraction	Fração
Géométrie	Geometria
Parallèle	Paralelo
Parallélogramme	Paralelogramo
Perpendiculaire	Perpendicular
Périmètre	Perímetro
Polygone	Polígono
Rayon	Raio
Rectangle	Retângulo
Somme	Soma
Symétrie	Simetria
Triangle	Triângulo
Volume	Volume

Mesures
Medições

Centimètre	Centímetro
Degré	Grau
Décimal	Decimal
Gramme	Grama
Hauteur	Altura
Kilogramme	Quilograma
Kilomètre	Quilômetro
Largeur	Largura
Litre	Litro
Longueur	Comprimento
Masse	Massa
Mètre	Metro
Minute	Minuto
Octet	Byte
Once	Onça
Poids	Peso
Pouce	Polegada
Profondeur	Profundidade
Tonne	Tonelada
Volume	Volume

Méditation
Meditação

Acceptation	Aceitação
Attention	Atenção
Calme	Calmo
Clarté	Clareza
Compassion	Compaixão
Émotions	Emoções
Éveillé	Acordado
Gentillesse	Bondade
Gratitude	Gratidão
Habitudes	Hábitos
Mental	Mental
Mouvement	Movimento
Musique	Música
Nature	Natureza
Observation	Observação
Paix	Paz
Perspective	Perspectiva
Posture	Postura
Respiration	Respirando
Silence	Silêncio

Météo
Clima

Arc-En-Ciel	Arco-Íris
Atmosphère	Atmosfera
Brise	Brisa
Brouillard	Nevoeiro
Calme	Calmo
Ciel	Céu
Climat	Clima
Glace	Gelo
Mousson	Monção
Nuage	Nuvem
Ouragan	Furacão
Polaire	Polar
Sec	Seco
Sécheresse	Seca
Température	Temperatura
Tempête	Tempestade
Tonnerre	Trovão
Tornade	Tornado
Tropical	Tropical
Vent	Vento

Mode
Moda

Abordable	Acessível
Boutique	Boutique
Boutons	Botões
Broderie	Bordado
Cher	Caro
Confortable	Confortável
Dentelle	Renda
Élégant	Elegante
Mesures	Medidas
Minimaliste	Minimalista
Moderne	Moderno
Modeste	Modesto
Original	Original
Pratique	Prático
Simple	Simples
Style	Estilo
Tendance	Tendência
Texture	Textura
Tissu	Tecido
Vêtements	Roupa

Musique
Música

Album	Álbum
Ballade	Balada
Chanter	Cantar
Chanteur	Cantor
Classique	Clássico
Enregistrement	Gravação
Harmonie	Harmonia
Harmonique	Harmônico
Instrument	Instrumento
Lyrique	Lírico
Mélodie	Melodia
Microphone	Microfone
Musical	Musical
Musicien	Músico
Opéra	Ópera
Poétique	Poético
Rythme	Ritmo
Rythmique	Rítmico
Tempo	Tempo
Vocal	Vocal

Mythologie
Mitologia

Archétype	Arquétipo
Catastrophe	Desastre
Comportement	Comportamento
Création	Criação
Créature	Criatura
Croyances	Crenças
Culture	Cultura
Éclair	Relâmpago
Force	Força
Guerrier	Guerreiro
Héros	Herói
Immortalité	Imortalidade
Jalousie	Ciúmes
Labyrinthe	Labirinto
Légende	Lenda
Magique	Mágico
Monstre	Monstro
Mortel	Mortal
Tonnerre	Trovão
Vengeance	Vingança

Nature
Natureza

Abeilles	Abelhas
Abri	Abrigo
Animaux	Animais
Arctique	Ártico
Beauté	Beleza
Brouillard	Nevoeiro
Désert	Deserto
Dynamique	Dinâmico
Érosion	Erosão
Feuillage	Folhagem
Fleuve	Rio
Forêt	Floresta
Glacier	Geleira
Nuage	Nuvens
Paisible	Pacífico
Sanctuaire	Santuário
Sauvage	Selvagem
Serein	Sereno
Tropical	Tropical
Vital	Vital

Nombres
Números

Cinq	Cinco
Deux	Dois
Décimal	Decimal
Dix	Dez
Dix-Huit	Dezoito
Dix-Neuf	Dezenove
Dix-Sept	Dezessete
Douze	Doze
Huit	Oito
Neuf	Nove
Quatorze	Quatorze
Quatre	Quatro
Quinze	Quinze
Seize	Dezesseis
Sept	Sete
Six	Seis
Treize	Treze
Trois	Três
Vingt	Vinte
Zéro	Zero

Nourriture #1
Comida #1

Ail	Alho
Basilic	Manjericão
Café	Café
Cannelle	Canela
Carotte	Cenoura
Citron	Limão
Épinard	Espinafre
Fraise	Morango
Jus	Suco
Lait	Leite
Navet	Nabo
Oignon	Cebola
Orge	Cevada
Poire	Pera
Salade	Salada
Sel	Sal
Soupe	Sopa
Sucre	Açúcar
Thon	Atum
Viande	Carne

Nourriture #2
Comida # 2

Amande	Amêndoa
Aubergine	Beringela
Banane	Banana
Blé	Trigo
Brocoli	Brócolis
Cerise	Cereja
Céleri	Aipo
Champignon	Cogumelo
Chocolat	Chocolate
Jambon	Presunto
Kiwi	Kiwi
Mangue	Manga
Oeuf	Ovo
Pain	Pão
Poisson	Peixe
Pomme	Maçã
Poulet	Frango
Raisin	Uva
Riz	Arroz
Tomate	Tomate

Nutrition
Nutrição

Amer	Amargo
Appétit	Apetite
Calories	Calorias
Comestible	Comestível
Diète	Dieta
Digestion	Digestão
Épices	Especiarias
Équilibré	Equilibrado
Fermentation	Fermentação
Glucides	Carboidratos
Liquides	Líquidos
Poids	Peso
Protéines	Proteínas
Qualité	Qualidade
Sain	Saudável
Santé	Saúde
Sauce	Molho
Saveur	Sabor
Toxine	Toxina
Vitamine	Vitamina

Océan
Oceano

Algue	Alga
Anguille	Enguia
Baleine	Baleia
Bateau	Barco
Corail	Coral
Crabe	Caranguejo
Crevette	Camarão
Dauphin	Golfinho
Éponge	Esponja
Huître	Ostra
Méduse	Medusa
Poisson	Peixe
Poulpe	Polvo
Requin	Tubarão
Récif	Recife
Sel	Sal
Tempête	Tempestade
Thon	Atum
Tortue	Tartaruga
Vagues	Ondas

Oiseaux
Pássaros

Aigle	Águia
Autruche	Avestruz
Canard	Pato
Cigogne	Cegonha
Colombe	Pomba
Corbeau	Corvo
Coucou	Cuco
Cygne	Cisne
Héron	Garça
Manchot	Pinguim
Moineau	Pardal
Mouette	Gaivota
Oeuf	Ovo
Oie	Ganso
Paon	Pavão
Perroquet	Papagaio
Pélican	Pelicano
Pigeon	Pombo
Poulet	Frango
Toucan	Tucano

Pays #1
Países #1

Afghanistan	Afeganistão
Allemagne	Alemanha
Argentine	Argentina
Brésil	Brasil
Canada	Canadá
Espagne	Espanha
Équateur	Equador
Finlande	Finlândia
Inde	Índia
Israël	Israel
Libye	Líbia
Mali	Mali
Maroc	Marrocos
Nicaragua	Nicarágua
Norvège	Noruega
Panama	Panamá
Philippines	Filipinas
Pologne	Polônia
Roumanie	Romênia
Venezuela	Venezuela

Pays #2
Países #2

Albanie	Albânia
Chine	China
Danemark	Dinamarca
France	França
Haïti	Haiti
Indonésie	Indonésia
Irlande	Irlanda
Jamaïque	Jamaica
Japon	Japão
Kenya	Quênia
Laos	Laos
Liban	Líbano
Mexique	México
Ouganda	Uganda
Pakistan	Paquistão
Russie	Rússia
Somalie	Somália
Soudan	Sudão
Syrie	Síria
Ukraine	Ucrânia

Paysages
Paisagens
Cascade	Cascata
Colline	Colina
Désert	Deserto
Estuaire	Estuário
Fleuve	Rio
Geyser	Geyser
Glacier	Geleira
Grotte	Caverna
Iceberg	Iceberg
Île	Ilha
Lac	Lago
Marais	Pântano
Mer	Mar
Montagne	Montanha
Oasis	Oásis
Péninsule	Península
Plage	Praia
Toundra	Tundra
Vallée	Vale
Volcan	Vulcão

Philanthropie
Filantropia
Besoin	Necessidade
Buts	Objetivos
Charité	Caridade
Communauté	Comunidade
Contacts	Contatos
Défis	Desafios
Enfants	Crianças
Finance	Finança
Fonds	Fundos
Gens	Pessoas
Générosité	Generosidade
Global	Global
Groupes	Grupos
Histoire	História
Honnêteté	Honestidade
Humanité	Humanidade
Jeunesse	Juventude
Mission	Missão
Programmes	Programas
Public	Públlco

Physique
Física
Accélération	Aceleração
Atome	Átomo
Chaos	Caos
Chimique	Químico
Densité	Densidade
Électron	Elétron
Formule	Fórmula
Fréquence	Frequência
Gaz	Gás
Gravité	Gravidade
Magnétisme	Magnetismo
Masse	Massa
Mécanique	Mecânica
Molécule	Molécula
Moteur	Motor
Nucléaire	Nuclear
Particule	Partícula
Relativité	Relatividade
Universel	Universal
Vitesse	Rapidez

Plantes
Plantas
Arbre	Árvore
Baie	Baga
Bambou	Bambu
Botanique	Botânica
Buisson	Arbusto
Cactus	Cacto
Engrais	Fertilizante
Feuillage	Folhagem
Fleur	Flor
Flore	Flora
Forêt	Floresta
Grandir	Crescer
Haricot	Feijão
Herbe	Erva
Jardin	Jardim
Lierre	Hera
Mousse	Musgo
Pétale	Pétala
Racine	Raiz
Végétation	Vegetação

Professions #1
Profissões #1
Ambassadeur	Embaixador
Astronome	Astrônomo
Avocat	Advogado
Banquier	Banqueiro
Bijoutier	Joalheiro
Cartographe	Cartógrafo
Chasseur	Caçador
Danseur	Dançarino
Entraîneur	Treinador
Éditeur	Editor
Géologue	Geólogo
Infirmière	Enfermeira
Médecin	Doutor
Musicien	Músico
Pianiste	Pianista
Plombier	Encanador
Pompier	Bombeiro
Psychologue	Psicólogo
Scientifique	Cientista
Vétérinaire	Veterinário

Professions #2
Profissões #2
Astronaute	Astronauta
Bibliothécaire	Bibliotecário
Biologiste	Biólogo
Chercheur	Investigador
Chirurgien	Cirurgião
Dentiste	Dentista
Détective	Detetive
Enseignant	Professor
Illustrateur	Ilustrador
Ingénieur	Engenheiro
Inventeur	Inventor
Jardinier	Jardineiro
Journaliste	Jornalista
Linguiste	Linguista
Médecin	Médico
Peintre	Pintor
Philosophe	Filósofo
Photographe	Fotógrafo
Pilote	Piloto
Zoologiste	Zoólogo

Psychologie
Psicologia

Clinique	Clínico
Comportement	Comportamento
Conflit	Conflito
Ego	Ego
Enfance	Infância
Expériences	Experiências
Émotions	Emoções
Évaluation	Avaliação
Inconscient	Inconsciente
Influences	Influências
Pensées	Pensamentos
Perception	Percepção
Personnalité	Personalidade
Problème	Problema
Rendez-Vous	Compromisso
Réalité	Realidade
Rêves	Sonhos
Sensation	Sensação
Subconscient	Subconsciente
Thérapie	Terapia

Randonnée
Caminhada

Animaux	Animais
Bottes	Botas
Camping	Acampamento
Carte	Mapa
Climat	Clima
Eau	Água
Falaise	Penhasco
Fatigué	Cansado
Guides	Guias
Lourd	Pesado
Météo	Tempo
Montagne	Montanha
Nature	Natureza
Orientation	Orientação
Parcs	Parques
Pierres	Pedras
Préparation	Preparação
Sauvage	Selvagem
Soleil	Sol
Sommet	Cume

Restaurant #2
Restaurante # 2

Boisson	Bebida
Chaise	Cadeira
Cuillère	Colher
Déjeuner	Almoço
Délicieux	Delicioso
Dîner	Jantar
Eau	Água
Épices	Especiarias
Fourchette	Garfo
Fruit	Fruta
Gâteau	Bolo
Glace	Gelo
Légumes	Legumes
Nouilles	Macarrão
Oeuf	Ovo
Poisson	Peixe
Salade	Salada
Sel	Sal
Serveur	Garçom
Soupe	Sopa

Réchauffement Climatique
Aquecimento Global

Arctique	Ártico
Attention	Atenção
Climat	Clima
Conséquences	Consequências
Crise	Crise
Données	Dados
Environnemental	Ambiental
Énergie	Energia
Futur	Futuro
Gaz	Gás
Générations	Gerações
Gouvernement	Governo
Habitats	Habitats
Industrie	Indústria
International	Internacional
Législation	Legislação
Maintenant	Agora
Populations	Populações
Scientifique	Cientista
Températures	Temperaturas

Santé et Bien-Être #1
Saúde e Bem-Estar #1

Actif	Ativo
Bactéries	Bactérias
Clinique	Clínica
Faim	Fome
Fracture	Fratura
Habitude	Hábito
Hauteur	Altura
Hormone	Hormones
Médecin	Doutor
Médicament	Medicina
Muscles	Músculos
Os	Ossos
Peau	Pele
Pharmacie	Farmácia
Posture	Postura
Relaxation	Relaxamento
Réflexe	Reflexo
Thérapie	Terapia
Traitement	Tratamento
Virus	Vírus

Santé et Bien-Être #2
Saúde e Bem-Estar #2

Allergie	Alergia
Anatomie	Anatomia
Appétit	Apetite
Calorie	Caloria
Corps	Corpo
Déshydratation	Desidratação
Énergie	Energia
Génétique	Genética
Hôpital	Hospital
Hygiène	Higiene
Infection	Infecção
Maladie	Doença
Massage	Massagem
Nutrition	Nutrição
Poids	Peso
Récupération	Recuperação
Sain	Saudável
Sang	Sangue
Stress	Estresse
Vitamine	Vitamina

Science
Ciência

Atome	Átomo
Chimique	Químico
Climat	Clima
Données	Dados
Expérience	Experiência
Évolution	Evolução
Fait	Fato
Fossile	Fóssil
Gravité	Gravidade
Hypothèse	Hipótese
Laboratoire	Laboratório
Méthode	Método
Minéraux	Minerais
Molécules	Moléculas
Nature	Natureza
Observation	Observação
Organisme	Organismo
Particules	Partículas
Physique	Física
Scientifique	Cientista

Science-Fiction
Ficção Científica

Atomique	Atómico
Cinéma	Cinema
Explosion	Explosão
Extrême	Extremo
Fantastique	Fantástico
Feu	Fogo
Futuriste	Futurista
Galaxie	Galáxia
Illusion	Ilusão
Imaginaire	Imaginário
Livres	Livros
Monde	Mundo
Mystérieux	Misterioso
Oracle	Oráculo
Planète	Planeta
Réaliste	Realista
Robots	Robôs
Scénario	Cenário
Technologie	Tecnologia
Utople	Utopia

Sport
Esporte

Athlète	Atleta
Capacité	Capacidade
Corps	Corpo
Cyclisme	Ciclismo
Danse	Dançando
Diète	Dieta
Endurance	Resistência
Entraîneur	Treinador
Étirement	Alongamento
Force	Força
Jogging	Jogging
Maximiser	Maximizar
Métabolique	Metabólico
Muscles	Músculos
Nutrition	Nutrição
Objectif	Objetivo
Os	Ossos
Programme	Programa
Santé	Saúde
Sports	Esportes

Temps
Tempo

Année	Ano
Annuel	Anual
Après	Depois
Avant	Antes
Bientôt	Em Breve
Calendrier	Calendário
Décennie	Década
Futur	Futuro
Heure	Hora
Hier	Ontem
Horloge	Relógio
Jour	Dia
Maintenant	Agora
Matin	Manhã
Midi	Meio-Dia
Minute	Minuto
Mois	Mês
Nuit	Noite
Semaine	Semana
Siècle	Século

Types de Cheveux
Tipos de Cabelo

Argent	Prata
Blanc	Branco
Blond	Loiro
Boucles	Cachos
Brillant	Brilhante
Chauve	Careca
Coloré	Colori
Court	Curto
Doux	Suave
Épais	Grosso
Frisé	Encaracolado
Gris	Cinza
Long	Longo
Marron	Marrom
Mince	Fino
Noir	Preto
Ondulé	Ondulado
Sain	Saudável
Sec	Seco
Tressé	Trançado

Univers
Universo

Astéroïde	Asteróide
Astronome	Astrônomo
Astronomie	Astronomia
Atmosphère	Atmosfera
Ciel	Céu
Cosmique	Cósmico
Équateur	Equador
Galaxie	Galáxia
Hémisphère	Hemisfério
Horizon	Horizonte
Latitude	Latitude
Longitude	Longitude
Lune	Lua
Obscurité	Trevas
Orbite	Órbita
Solaire	Solar
Solstice	Solstício
Télescope	Telescópio
Visible	Visível
Zodiaque	Zodíaco

Vacances #2
Férias #2

Aéroport	Aeroporto
Camping	Acampamento
Carte	Mapa
Destination	Destino
Étranger	Estrangeiro
Hôtel	Hotel
Île	Ilha
Loisir	Lazer
Mer	Mar
Passeport	Passaporte
Photos	Fotos
Plage	Praia
Restaurant	Restaurante
Réservations	Reservas
Taxi	Táxi
Tente	Tenda
Transport	Transporte
Vacances	Feriado
Visa	Visto
Voyage	Viagem

Véhicules
Veículos

Ambulance	Ambulância
Avion	Avião
Bateau	Barco
Bus	Ônibus
Camion	Caminhão
Caravane	Caravana
Ferry	Balsa
Fusée	Foguete
Hélicoptère	Helicóptero
Métro	Metrô
Moteur	Motor
Navette	Transporte
Pneus	Pneus
Radeau	Jangada
Scooter	Lambreta
Sous-Marin	Submarino
Taxi	Táxi
Tracteur	Trator
Vélo	Bicicleta
Voiture	Carro

Vêtements
Roupas

Bracelet	Pulseira
Ceinture	Cinto
Chapeau	Chapéu
Chaussure	Sapato
Chemise	Camisa
Chemisier	Blusa
Collier	Colar
Foulard	Lenço
Gants	Luvas
Jeans	Jeans
Jupe	Saia
Manteau	Casaco
Mode	Moda
Pantalon	Calça
Pull	Suéter
Pyjama	Pijama
Robe	Vestido
Sandales	Sandálias
Tablier	Avental
Veste	Jaqueta

Ville
Cidade

Aéroport	Aeroporto
Banque	Banco
Bibliothèque	Biblioteca
Boulangerie	Padaria
Cinéma	Cinema
Clinique	Clínica
École	Escola
Fleuriste	Florista
Galerie	Galeria
Hôtel	Hotel
Librairie	Livraria
Marché	Mercado
Musée	Museu
Pharmacie	Farmácia
Restaurant	Restaurante
Salon	Salão
Stade	Estádio
Supermarché	Supermercado
Théâtre	Teatro
Université	Universidade

Félicitations

Vous avez réussi !

Nous espérons que vous avez apprécié ce livre autant que nous avons pris plaisir à le concevoir. Nous faisons de notre mieux pour créer des livres de la meilleure qualité possible.
Cette édition est conçue pour permettre un apprentissage intelligent et de qualité en se divertissant !

Vous avez aimé ce livre ?

Une Simple Demande

Nos livres existent grâce aux avis que vous publiez. Pourriez-vous nous aider en laissant un avis maintenant ?

Voici un lien rapide qui vous mènera à votre page d'évaluation de vos commandes :

BestBooksActivity.com/Avis50

CHALLENGE FINAL !

Défi n°1

Êtes-vous prêt pour votre jeu bonus ? Nous les utilisons tout le temps mais ils ne sont pas si faciles à trouver. Voici les **Synonymes** !

Notez 5 mots que vous avez trouvés dans les puzzles notés ci-dessous (n°21, n°36, n°76) et essayez de trouver 2 synonymes pour chaque mot.

Notez 5 Mots du **Puzzle 21**

Mots	Synonyme 1	Synonyme 2

Notez 5 Mots du **Puzzle 36**

Mots	Synonyme 1	Synonyme 2

Notez 5 Mots du **Puzzle 76**

Mots	Synonyme 1	Synonyme 2

Défi n°2

Maintenant que vous vous êtes échauffé, notez 5 mots que vous avez découverts dans les Puzzles n° 9, n° 17, n° 25 et essayez de trouver 2 antonymes pour chaque mot. Combien pouvez-vous en trouver en 20 minutes ?

Notez 5 Mots du **Puzzle 9**

Mots	Antonyme 1	Antonyme 2

Notez 5 Mots du **Puzzle 17**

Mots	Antonyme 1	Antonyme 2

Notez 5 Mots du **Puzzle 25**

Mots	Antonyme 1	Antonyme 2

Défi n°3

Formidable ! Ce défi final n'est rien pour vous.

Prêt pour le dernier défi ? Choisissez 10 mots que vous avez découverts parmi les différents puzzles et notez-les ci-dessous.

1.	6.
2.	7.
3.	8.
4.	9.
5.	10.

Maintenant, composez un texte en pensant à une personne, un animal ou un lieu que vous aimez !

Astuce: Vous pouvez utiliser la dernière page de ce livre comme brouillon !

Votre Composition :

_____

_____

_____

_____

_____

_____

CARNET DE NOTES :

À TRÈS BIENTÔT !

Toute l'équipe

DECOUVREZ DES JEUX GRATUITS

GO

BESTACTIVITYBOOKS.COM/FREEGAMES

www.ingramcontent.com/pod-product-compliance
Lightning Source LLC
Chambersburg PA
CBHW082208120626
46553CB00010B/3055